吉祥如意

中国古代艺术品中的吉祥元素

策划 金明学
翻译 王二贵 赵景扬

山西出版传媒集团
山西人民出版社

目录

序言 —— 溱 信幸 —— 001

中国古代的吉祥花纹图案 —— 高滨 秀 —— 009

中国陶瓷创意图案含义与造型密切相关 —— 今井 敦 —— 018

图版·解说

一·连年有余——莲、水鸟和鱼 —— 002

二·除去不祥——古代的吉祥 —— 052

三·延年益寿——长生不老的愿望 —— 082

四·富贵荣华——富贵花卉牡丹 —— 122

五·瓜瓞绵绵——子孙繁荣的愿望 —— 142

六·隐居乐道——岁寒三友·四君子 —— 168

七·利市大吉——各种吉祥词句 —— 200

八·鱼跃龙门——盼望出人头地 —— 216

九·吉祥如意——福在眼前 —— 232

序言

湊 信幸

中国历代的艺术品中所包含的吉祥意义，饱含作品创作人特定的内容或愿望。中国人民常常把某种特定的含义或愿望寄托在各种各样纷繁的事物或现象之中，其中也有的人将其表现在自己的作品当中。在他们的那些作品里直截了当地反映了中国人所持有的自然观、幸福观、人生观等，其表现方式方法也有不少可以说显然是中国人所固有的，让人饶有兴趣。在中国自古至今漫长的历史进程中，有一些特定的事物或现象，对于人们来说是好的、令人喜欢的东西，就反复不断地、不厌其烦地表现它。结果，它们中的某些东西在人们日常生活当中，就被赋予特定含义，作为表示『吉祥』的主题固定下来。从普通的黎民百姓到文人等知识阶层，人们的期待可谓名目繁多：富贵、长生不老、多子多福、出人头地、脱离红尘和隐居等等，各种各样的美好愿望寄托在众多现象或事物中，萦绕人们心头。

关于中国表示『吉祥』的主题，日本的野崎诚近先生在《吉祥图案解题》（1928年·天津·中国土产公司）一书中，就中国当时社会所常用的种种吉祥图、吉祥图案，分成『平安如意』等多达一百八十五项进行了具体说明。书中展示了对于当时中国人来说包括常识在内的，充满在中国艺术作品中的意思和愿望。然而，听说那其中有些东西在当代的中国已经不是常识了，有些已经失传。近年来，虽然中国也出版了一些有关『吉祥图案』的图书，但是其中的大多数图书还是依据野崎先生的《吉祥图案解题》出版时创作的。野崎先生提到：『这种图案总括起来统一应该称作什么，依然是野崎先生《吉祥图案解题》另外，今天通常人们使用的『吉祥图』或『吉祥图案』之类的词语，中国的文献也尚不明确，因此暂且称作吉祥图。请别责难词语的新旧。』另外，在该书冈井慎吾所写的后记中陈述了『吉祥图』的来龙去脉，关于『吉祥图』这一词语的由来，中国文献中可见『瑞应图』一词，但意

（注一）

中国古代表示吉祥的事物究竟都有哪些呢？从古至今，富贵是人们最大的愿望之一，据说在中国古代莲、水禽和鱼象征富贵。莲开花同时结果，具有繁茂的坚强的生命力，其果莲子还有药效，所以它象征富饶和子孙繁荣。集古代民谣之大成的《诗经·国风》就有咏莲的诗句『山有扶苏』（郑风）、《泽陂》（陈风），特别是后者的诗句让人感觉仿佛是后面出现的莲池图，两者都是歌颂男女恋爱和婚姻的。莲后来成为吉祥图的重要主题之一，又因莲发音通怜、恋，荷发音通和、合这样一些缘由，寓意由于恋爱和婚姻而带来的子孙繁荣。

水禽象征富饶与幸运，雌雄成双成对的水鸟意味着夫妇和合、子孙繁荣，《诗经·鸳鸯》（小雅·甫田之什）贺君子幸福，鸳鸯作为可喜可贺之鸟常为诗人吟咏。虽然也有一说认为这首诗和婚姻有关，但是迄今为止鸳鸯被人们以各种各样的形式表现为夫妇相爱的象征。另外，《诗经·侯人》（曹风）也在恋爱诗中比喻鹈为男，鱼为女。

鱼象征富足，在古代诗歌中也寓意恋人。《诗经·鱼藻》把鱼用来比作吉庆，还有，在《乐府·江南》把在莲叶间穿行嬉戏的鱼比作男子，把莲叶比作女子。

以《诗经》为首的古代诗歌，除莲、水禽、鱼之外，还用各种各样的事物朴实无华地歌颂人们的生活和感情。例如：瓜在《诗经·瓜瓞》中，比喻子孙繁荣，另外，桃在《桃夭》中作为结婚和平安分娩的祥瑞之物使用，《诗经》中所歌颂的事物有不少和以后中国吉祥图的主题有着密切的联系。

在与吉祥有关的事物当中，有些事物和莲、水禽及鱼等自然事物不同，而是靠人们的想象，人为

思过于牵强，所以鉴于《易经》（系辞下传）中『吉事有祥』一词，才称作『吉祥图』。因而『吉祥』这个词语本身来自《庄子》中的『人间世篇』中有『吉祥止止』句，这是中国自古以来就使用的词语。

制造出来的表示『瑞应』。古代以为帝王修德，时世清平，天就降祥瑞以应之，谓之瑞应。例如：汉建宁五年（171年）《汉李翕黾池五瑞图》（No.55）可以确认是最古老的瑞应图。汉灵帝时，武都太守李翕在黾池（渑池）任中修复崤嵚道路时，出现了作为祥瑞之兽黄龙、白鹿的『瑞』，以在武都又出现了甘露（据说天下太平时天降甘露）、嘉禾（一根茎上结出许多穗的粟）、木连理（两树枝干连在一起，比喻夫妻相互恩爱）的『祥』，根据此事，描绘出五瑞祥图，和题记一起镌刻在了摩崖上，作为古代记录瑞应的具体实例而闻名遐迩。而且，现在作为中国最古老的吉祥图一直引人瞩目。

如此将瑞应记录在案之事，汉代以后似乎十分盛行。三国时吴的孙亮在琉璃屏风上刻了一百二十种『瑞应图』。可以说明在此之前表示瑞应的事物多达一百二十种，令世人瞩目。作为和这个『瑞祥』有关的书籍有南朝梁的孙柔之的《瑞应图记》及撰者不明的《祥瑞图》等。在孙柔之的瑞应图中，包含和天象有关的日月、南极老人星、真人、王母娘娘等神仙；河图洛书（八卦）、神鼎、玉羊、玉鸡、玉龟等器物；凤凰、鹤、白鹊、麒麟、鹿、熊、虎、黄龙、青龙、灵龟等鸟兽；嘉禾、芝草、木连理、梧桐等植物。这些事物分别被赋予了各不相同的含义，反复出现在青铜器、玉器、漆器、陶瓷等器物及画像石、染织、绘画等作品中，可以说都形成了今天吉祥图的主题源流。

魏晋南北朝以后，中国社会发生了很大变化，从在宫廷或园林中的贵族情趣生活以及文人希望出仕做官或脱俗隐逸的生活中，人们赋予各种事物不同于以往的新意。

例如：菊自古作为具有延年益寿神力的植物，作为药用，意味着长寿，但是作为希望隐逸的诗人而闻名的陶渊明，在其诗中却把菊花作为脱离红尘象征隐逸的田园诗人生活有关的新意。菊后世和兰、竹、梅一起成为四君子，受到陶渊明等众文人的敬重。和陶渊明的这个菊正好相反，现世充满出人头地愿望的植物中还有桂花（木犀）和杏花。桂花在古代神话中，被作为月宫中的植物，当作百药之首，象征长生不老。出自晋代郤诜『桂林一枝』的故事，

成为意味着出人头地、飞黄腾达的植物，意为折桂枝的『折桂』这个词，唐代以后意味着中了科举。还有杏，在中国自古以来一直作为药品使用，与杏林这个词语一起后来成为和医家关系密切的植物。在唐代一个杏花盛开的春天，科举考试高中的进士们被邀请到长安杏园参加祝贺宴，所以杏以后就成了象征进士及第和出人头地的花卉了。

即便是在绘画世界中，唐代也是数得上的花鸟画盛行、花鸟画名人大量涌现的时代。论其背景，在当时的贵族社会，存在着鉴赏花鸟之美，诗词歌赋咏之，赋予花鸟种种美意的风尚。例如：在花鸟画中，成为重要主题的牡丹就是在唐代登堂入室的。牡丹在古代称为木芍药，到了唐朝则天武后时才称之为牡丹的。牡丹由于花形绚烂多彩，所以被称为富贵花，誉为百花之王。与长安并称为古都的洛阳，因栽培牡丹而闻名天下，所以牡丹花也叫作洛阳花。唐玄宗在位之时，盛行在宫中鉴赏牡丹。玄宗曾命诗人李白咏诗，把杨贵妃的美貌比作牡丹，成为有名的佳话。牡丹被用作比喻富贵和美人，牡丹的别称『国色天香』就是说此花具有天然香气，是天下无与伦比最美的花卉，这句成语也意味着绝世美人。北宋文学家欧阳修在《洛阳牡丹记》中盛赞『天下真花独牡丹』。牡丹有单独或与其他花卉等组合的种种表现手法，时至今日，牡丹仍然保持着作为中国花鸟画或花鸟图案的主要角色之一的地位。

除植物外，唐代与吉祥有关的种种话题在民间也一直传承。例如：吉祥话题的主题之一的喜鹊。五代的王仁裕在记述唐代民间逸闻遗事的《开元天宝遗事》一书中，记载有朝闻鹊鸣、当日有吉这样的传说。因为灵鹊报喜，故也俗称为『喜鹊』，寓意『喜事临门』。鹊作为『报喜』或两只鹊『双喜』等吉祥图，北宋以后，频繁表现在绘画、器物上。

如此说来，今天人们作为吉祥的主题，早在唐末五代时大多已被采用，而且当时就已被赋予种种含义。

在绘画世界里，宛如唐代水墨画盛行的同时，道释、人物、花鸟、山水等所有领域，其表现力均大增，这也正是走向北宋时代的隆盛时期。在花鸟画领域里，五代蜀的黄筌的黄氏体（用笔线勾勒出轮廓然

后填色）和五代南唐的徐熙徐氏体（不用笔线勾勒轮廓作画），可以说是这一时期象征花鸟画发展繁荣的大事。

吉祥的主题，和唐代以前表现在器物上不同，这时表现在绘画，超过以往，绘画和器物加深了围绕相互图样的关系，不论宫廷还是民间，莲、水禽和鱼这些自中国古代以来的吉祥主题为首的各种各样事物，在新开辟的莲池水禽图、藻鱼图、草虫图等花鸟画中，隐含着各种画意表现出来。可以认为，吉祥图在宋代以后，成为花鸟画的重要题材。

近年来的研究表明，关于这一点，在近世的中国持有恶意的绘画作品，基本上从未做过装饰品，中国花鸟画乍看上去好像是什么东西都画，其实不然，它的画题和题材在悠久漫长的传统中，都有着以吉祥为首的某种含义的思考和选择。其次可以推定，宋代出于谐音的，许多和吉祥有关的成语或象征自由自在的创作，进入了开始造型化的阶段。（注二）

在考虑吉祥图发展趋势上，元代显得比宋代似乎更加重要。在陶瓷器世界，也是实际付诸实施各种各样和吉祥有关的花纹图案的青花瓷（蓝釉花纹的瓷器）重新登场的时代。这一时期，科举制度被废止了，许多文人失去了当官之路，寓居市井，隐居山林。人们常说，在这种情况下不久，文人画的理念和宋代迥然不同了。科举在元代中途复活，文人中希望做官者、希望在山林继续隐逸者、在市井算命卜者，或皈依禅宗者、皈依当时盛行的新道教全真教者等不一而足。在社会上产生了多姿多彩的价值观、人生观，那是一个新旧多元共存的时代。其中，也有不少文人成了当时流行的杂剧（戏曲）作家。各种各样的事物在杂剧中登台亮相，那些事物中也有一些是以过去传承下来的故事为基础，赋予与新时代相适应的意义而成的。例如：叫蛤蟆仙人的，后世也登上戏剧舞台，作为吉祥神在民间很有人气的刘海蟾，本来是五代宋初的一个道士，但是在宋元时代盛行的全真教中，和钟离权、吕洞宾等一起作为五祖之一，成了被赋予新意的仙人。杂剧作家是否具体和吉祥图赋予新意有关，暂且不论，

当时经济上富有内外形形色色的人物，往来江南杭州为首的市井吉祥图，到底是什么样的，这一问题令人饶有兴趣。

到了明代，施以吉祥图或吉祥图案的器物，制造似乎越来越繁盛。虽然明代再次在宫廷设置画院，但是，曾被指出明代宫廷花鸟画的多数都是寓意吉祥的。（注三）那也就等同于民间画工似的。另外，即便是当时最为盛行的文人花鸟画当中，其题材几乎也没有什么变化。关于文人的作品，尽管表明以超越世俗精神为原则，可是和『吉祥』不能完全脱钩的世俗愿望，还是寓于和生活有关的基本事项之中，文人的花卉杂画被指责几乎所有的主题都具有雅俗共赏的双重意味。

到了清代，以宫廷画家的作品为首，即便是文人的作品，完全可以说『图必有意，意必吉祥』的越来越多，明代以后盛行起来的版画、陶瓷器、漆器等器物上，也包含文人的文房器玩，可以说吉祥图案在中国艺术中占有相当重要的位置。

在中国吉祥图中，也包含岁寒三友、四君子，最后想谈一下有关文人的问题。关于陶渊明的菊花，前面已经提及过，但是其他方面，和以往不同被赋予新意的还有莲。莲在古代寓意富饶、子孙繁荣，但因其花形貌美，后来在诗文中常被用来比喻美人了。传说唐玄宗把杨贵妃比喻成白莲，称赞其为『解语之花』十分有名。可是，莲也被强加上了和丰满艳丽的情趣不同的意思。在佛教中，因荷花出污泥而不染而象征从世俗解脱。与此不同的是，也象征脱俗清逸而不染的君子。在文人情趣浓厚的北宋时代，周茂叔阐述了《爱莲说》，他把牡丹赞美为世俗中的富贵，把菊花比作逃离世俗的隐逸花卉，把莲称为远离世俗的君子。

脱离世俗对于中国文人来说具有重要意义。即，对于中国文人来说，出人头地和隐居乡野是人生的重大问题。选拔官吏考试的科举合格者飞黄腾达的现象，在现世仍是通向升官发财和荣华富贵之路，

众多文人为此追求耗费大半人生。可是,也有不少高官厚禄的文人因政变而下台,或由于王朝的灭亡而荣升未果,体验落入世俗的失意及怀才不遇的境地。与此相反,还有另外一种态度,那就是有些文人既不追名也不逐利,一心栖居林壑。即,主动脱离红尘过隐居生活,希望自由自在生活,享受修身养性之乐。爱菊的陶渊明是中国文人的一个理想,爱莲的周茂叔和爱梅的林和靖都是令人难忘的人物。希望隐逸的文人,以和自己周围环境与文人相适应的事物进行调整,追求文人式的清雅生活。例如:被人们作为象征文人精神而大加赞叹的岁寒三友(松、竹、梅)、四君子(兰、竹、梅、菊)等都是文人生活所不可或缺的。文人把自己的姿态全身心投影到那些事物当中去,借以寄托自己的心怀。然而,他们当中也有如成了遗民的郑思肖的无根兰(No.163)、陷入人生绝望的徐渭的墨葡萄(No.167)那样,和本来世俗给予那些植物、花卉的吉祥寓意大不相同。在文人表现的事物中,有时充满了那个文人固有的意思和愿望。

〔注一〕按照福永光司的解释,所谓『吉祥止止』就是『吉祥(人世之吉)集中于空和虚』。也就是说,『当你抛弃了自己的小聪明(自作聪明),变得纯真无邪之时,这个世界的所有幸福就会找上门来(汇集过来)』。(福永光司《庄子》中国古典选,朝日新闻社,1966年)

〔注二〕宫崎法子『关于中国花鸟画的含义——藻鱼图,莲池水禽图,草虫图的寓意和受容』(《美术研究》363、364号,东京国立文化财(遗产)研究所美术部,1996年)

〔注三〕王耀庭『装饰性与吉祥意——试说明代宫廷花鸟画风一隅』(《吕纪花鸟画特展》所收,台北,国立故宫博物院,1995年)

中国古代吉祥的花纹图案

高滨 秀

在古代的中国，花纹图案始自新石器时代。首先是表现在土器上的各种花纹图案，特别是把各种各样的色彩应用到彩陶上，描绘出鲜艳美丽的花纹图案。虽然大多数是旋涡状花纹或几何花纹，但是偶尔也可以看到似乎具有某些特殊意义的花纹。例如：河南省临汝县阎村出土的仰韶文化瓮上，同时描绘着鸟、鱼、斧，整体表示某种意义。也有一说是象征男女交媾，或者鸟和鱼表示各个部族的图腾。同样可以认为是表示鸟和鱼的花纹另外还有一些实例，如陕西省宝鸡北首岭出土的土器等。此外，仰韶文化的彩陶中十分著名的人面和鱼组合花纹，以及鱼的花纹图案。还有分布在青海省等地的马家窑文化彩陶，可以看到人或几个人并排在跳舞的花纹图案。虽然这些花纹图案恐怕在当时是为了表达某种特殊的含义而描绘出来的，可现在要推测出它的含义是相当困难的。而且这些具象的花纹图案从整体的数量来看极少。

除土器之外，在新石器时代的玉器上，有的表现出各种各样的形状和花纹。其中非常值得一提的是靠刻线表现出细腻的花纹图案，特别多见于山东龙山文化及浙江良渚文化等。玉石本身就为人们所珍重，用玉表示的事物对于当时的人们来讲毫无疑问是令人高兴，或不可或缺的。刻线花纹图案常见人面或兽面一类的东西。这些对于当时的人们来说或许表示的是神。

在接下来的商周时代，最为显著的花纹图案是表现在铜器上的饕餮纹。所谓的饕餮纹，从正面看就是具有长角、大眼睛、张着露出牙齿的大嘴的兽面花纹图案，也有的前肢出现在两侧。这种花纹图案在商代和西周早期在用于祭祀祖先或众神的铜器正面几乎可以说是必定要表现的。对于当时的人们

在古代的中国，花纹图案始自新石器时代。首先是表现在土器上的各种花纹图案，特别是把各种各样的色彩应用到彩陶上，描绘出鲜艳美丽的花纹图案。虽然大多数是旋涡状花纹或几何花纹，但是偶尔也可以看到似乎具有某些特殊意义的花纹。例如：河南省临汝县阎村出土的仰韶文化瓮上，同时描绘着鸟、鱼、斧，整体表示某种意义。也有一说是象征男女交媾，或者鸟和鱼表示各个部族的图腾。

同样可以认为是表示鸟和鱼的花纹另外还有一些实例，如陕西省宝鸡北首岭出土的土器等。此外，仰韶文化的彩陶中十分著名的人面和鱼组合花纹，以及鱼的花纹图案。还有分布在青海省等地的马家窑文化彩陶，可以看到人或几个人并排在跳舞的花纹图案。虽然这些花纹图案恐怕在当时是为了表达某种特殊的含义而描绘出来的，可现在要推测出它的含义是相当困难的。而且这些具象的花纹图案从整体的数量来看极少。

除土器之外，在新石器时代的玉器上，有的表现出各种各样的形状和花纹。其中非常值得一提的是靠刻线表现出细腻的花纹图案，特别多见于山东龙山文化及浙江良渚文化等。玉石本身就为人们所珍重，用玉表示的事物对于当时的人们来讲毫无疑问是令人高兴，或不可或缺的。刻线花纹图案常见人面或兽面一类的东西。这些对于当时的人们来讲或许表示的是神。

在接下来的商周时代，最为显著的花纹图案是表现在铜器上的饕餮纹。所谓的饕餮纹，从正面看就是具有长角、大眼睛、张着露出牙齿的大嘴的兽面花纹图案，也有的前肢出现在两侧。这种花纹图案在商代和西周早期在用于祭祀祖先或众神的铜器正面几乎可以说是必定要表现的。对于当时的人们来讲无疑意义重大。可是，饕餮纹到底表示什么意思，众说纷纭。说起来，饕餮纹这个名称早在战国时代的《吕氏春秋》里，记述『周鼎上表示的饕餮有首无身』，后来，宋代学者认为，饕餮纹是适合于铜器上的花纹图案，说是商代这种花纹图案称作饕餮缺乏根据。也可以认为是表示起源于太阳神的上帝。另一方面，还有一种说法是，从一双大眼睛占据中心位置来推测，具有所谓的『邪视、妖术』功能。在春秋战国时代流行的花纹图案当中，各种龙或蛇类互相缠绕的花纹图案很多，通过这些花纹图

案期待着什么，目前尚不十分明确。

要探究花纹图案的含义，首先必须判明那个花纹图案表示的是什么意思。关于花纹图案的含义对照现在保存下来的文献，在某种程度上可以考虑分析出来。汉代之后，大多数花纹图案已经明了。

羊

羊具有吉祥之义。在镜子的铭文中往往用来替代『祥』字（No.60、No.61），在铜器的铭文中也有用例。

另外，羊的发音和『阳』相同，由此也赋予其美好的意思。

汉代把用印章模具表示各种各样花纹图案的砖和雕有花纹图案的石用于坟墓的修筑等方面。分别被称之为画像砖和画像石。画像砖中，有嵌入长着大角的羊头造型，浮雕式的空心砖（No.57）。在洛阳发掘出来的西汉晚期壁画墓，同样带有羊头的空心砖被置于墓门上，可能是防止邪鬼进入墓穴。No.57带羊首的砖在眼睛、鼻尖及羊角间带有铜钱的图案，可以认定这是吉祥纹重复使用。

画像石一般雕刻的是升仙图、各种生活场面、脍炙人口的神话传说等画面。其中和画像砖一样，也有浮雕大羊头的画像石。同样置于门上的例子很闻名，在众多实例当中，山东省章丘市的画像石墓有使用了11个羊头纹的画像石的例子。那里的墓门上方、各墓室入口处，都非常规则地配有羊头图案。

另外，陕西省咸阳市发现的墓穴中，后室入口上方的石头中央也描绘有羊头。以上这些实例无一例外地都置于墓门或房间入口上方，可能依然有赶跑墓穴入侵者的辟邪之意。表示羊头不单单是图案。

汉代有关羊的花纹图案不仅仅用于坟墓建筑装饰上，也有出现在铜器内底的实例（No.58）。还有的实例，羊的图案与吉祥词句同时出现，也很有名。例如：宝鸡博物馆所藏的洗（盂）上，用突线描绘出两只羊，每只羊上都重复有『吉羊』二字。另外，羊形陶器也很出名，用于照明的器具也有取羊形的。还有的铜器有三只羊加在盖子上。

摇钱树

以四川省为中心，有从东汉时代坟墓中出土的叫作摇钱树的文物。通常在其枝叶上连着很多宛如铸造的钱币。此外，王母娘娘（是昆仑山半兽半人女神）、凤凰、各种怪神等花纹图案采用透雕显现。钱币成为主要图案当然和富贵的观念有联系，希望死者来世富贵。另外，也有佛像出现在树干上，台座上还有跨羊而坐的人物及蟾蜍等种种不同形式的花纹图案。还有的施以王母娘娘等的花纹图案。总之，摇钱树如此综合了神话传说的种种要素。关于其含义有许多考察。由于王母娘娘占有重大位置，所以把台座考虑为表示昆仑山，也有一种说法，结合了王母娘娘从那里通过树木到天上去的升仙思想。在东汉时代汉墓的陪葬品中，也有用陶器制成仿照钱箱的器物。钱在汉代花纹图案中也占有一席之地。画像砖及画像石常常有所表示，考虑到摇钱树占据主要位置的状况，不一定停留在单纯富贵的吉祥寓意上。在汉代的铜器方面，也有同双鱼纹及禽鱼纹一起共同表现钱的花纹图案。

鱼或鸟和鱼

鱼自古以来也是人们常用的花纹图案。鱼和余发音相通，具有与富饶相通的吉祥意思。众所周知，新石器时代仰韶文化的彩陶常描绘鱼。西周时代和春秋战国时代的铜盘等器物上也常有在内底上表现鱼的，因为那个大概是盛水器物。战国时代的陶器也有雕刻鱼纹的。然而，可以说表现定型化的鱼纹图案几乎出现在汉代之后。另外，鱼纹图案往往和鸟一起共同出现。

湖北省云梦睡虎地出土的秦代漆盂描绘了一只鸟和两条鱼，这是这种花纹图案最早的样例。西汉时代多起来，例如：湖北省毛家园一号墓出土了画着一只鸟和三条鱼的漆耳杯，从埋葬武帝异母兄嫂的满城二号汉墓中出土了彩绘三条鱼的陶盘，以及交互描绘三只水鸟和三条鱼的陶盘。这种花纹图案在接近后石器时代两条鱼并排的双鱼纹时而出现在东汉时代铜器或陶器的内底上。

的陶瓷器等器物上面也时时能见到。自汉代至今，作为吉祥纹图案一直连续使用。另外，虽然不是双鱼纹，但与此极其相似的鱼纹图案也有的被刻在铜器上（No.191）。

东汉时代的盂等铜器上不仅仅是双鱼纹，还有水鸟和鱼一起表现的图案，常见于器物的内底上。

特别是汉代，在云南省位于昭通的朱提县及其附近的堂狼，东汉时代制造了大量的铜器，在那些铜器上和这种图案一起记载着制造年等的例子时时可以看到（No.41）。水鸟和鱼一起出现的图案，也时常有看上去好像水鸟在啄食鱼似的。还有，从湖北汉川严家山的西晋墓出土的铜盂内底，描绘了两只鸟颈部相互交叉，嘴和脚下各捕捉有一条鱼的图案，中间有『大吉羊』的铭文。这一主题若单纯思考，可能是表示得到吉祥之鱼。

鱼的图案时时出现在画像砖或画像石上。在表现生活情景的画像石上，表现被烹调的鱼理所当然，除此之外也时时会以辟邪或吉祥纹之类的形式登场。例如在河南省浚县出土的浮雕羊头两侧，以鱼相对的形式表示的画像石。还有水鸟和鱼一起画的。山东省济南青龙山，在表示羊头的同一块石头上，又出现了鸟和鱼，同样在山东省曲阜发现的画像石上，有的在玉兔制作仙药的图案上，出现了水鸟衔着鱼的图案。

熊

熊在汉代的许多器物上作为图案使用。除战国时代铜镜图案上出现了类似熊的动物（No.68）之外，汉代以前作为图案几乎不用，但是到了汉代，突然用例急剧增加。西汉时代中期，也有作为牡丹图案出现的，也有用于车顶盖骨架前端装饰的用例（No.70）。此种用法更多地是用于器物的脚。温酒尊等各种器物三支脚往往都采用熊形（No.71、No.72、No.73、No.74）。另外，被称为五管瓶的陶器上也多采用带有吃蛇一类形态的熊（No.75）。自东汉至三国时代，从长江流域墓中时而发现挂绿釉的

陶器，那不是实用性的器物，而是某种礼仪性的或具有精神意义的器物。也有一种说法，墓内阴魂不散。这个五管瓶后来变成更具装饰性的叫作神亭壶的器物（No.76），依旧往往带有装饰性的熊。此外，表现在各种各样器物上的山岳纹和云纹之间，熊和仙人及瑞兽等多同处一处。

按照中国的传说，夏王朝创始人禹，由于治理黄河洪水有功，接受天子舜的禅让，但据说他在进行治水工程时，变成了熊。在《诗经·小雅·斯干》中写道，梦见熊或罴是吉梦，意味着男孩即将诞生（『维熊维罴，男子之祥』）。根据注释，据说熊和罴生活在山上，所以是阳，谓男孩之祥。有时由此产生把男子出生称为熊占。

据叙述周王朝官吏职务的《周礼》等书记载，方相氏举行仪式之时，披熊皮驱逐疫鬼，举行葬礼时，站在队伍的最前列，入墓逐恶鬼。在洛阳挖掘的壁画中，描绘有戴着熊面具、穿着毛皮的方相氏似的人物像。山东省武氏祠画像石上也有化装成熊的方相氏登场。另外，在辽宁省营城子汉墓中描绘有一个大眼睛炯炯放光的人物，右手持旗，左手握蛇，据推测这个形象也是方相氏。在画像石墓里，墓室入口上方往往描绘有和怪兽战斗的熊，还有一些例子，如在墓门握蛇这一点，和营城子汉墓的方相氏有共同之处，仍然还是起着驱逐墓中邪气作用的。五管瓶上的熊握蛇显示门卫姿态的上方有一小熊。在这些案例当中，可以认为熊显然是起着辟邪的作用。蛇则表示入侵墓穴的魍魉之类的邪鬼。

鸱鸮

所谓的鸱鸮，是指枭、猫头鹰类动物。从东汉墓中时而发现鸱鸮形容器（No.63）。陶制，有灰陶加彩和挂褐釉之分，有头分开可作为盖子的和整体型不可分开的几种类型。这些到了西汉时代消失得无影无踪。不仅仅是仿照猫头鹰等，东汉时代墓盛行作为容器陪葬，冥器家畜和家畜类不同，其中可能会有什么奥秘。

鸱鸮形玉器，自新石器时代就很闻名，在红山文化等有所发现。在接下来的商代，除鸱鸮形玉器外，

还有鸱鸮形的铜尊和铜卣（No. 62），这些在商代铜器中都占有重要部分。虽然最为人们所熟知的是从殷墟妇好墓中出土的大型鸱鸮尊，但其他例子也有不少。可是，到了西周时代以后，鸱鸮形铜器便看不到了。可能是由于商代人和西周人关于猫头鹰的观念也有不同吧。虽说木制鸱鸮形容器从四川省战国墓出土过，但莫如说那是后来的西汉时代陶制容器的前奏。

猫头鹰通常被认为是有邪恶或凶狠的意思。《诗经·豳风》一节有诗句『鸱鸮鸱鸮！既取我子，无毁我室。恩斯勤斯，鬻子之闵斯！』为证。这里的鸱鸮（即猫头鹰）是指叛逆大周的商纣王之子武庚。另外，据说《史记·封禅书》齐桓公既霸，而欲封禅。管仲谏曰：『蓬蒿藜莠茂，鸱枭数至，而欲封禅，毋乃不可乎？』另外，《吕氏春秋》有一章说『市有舞鸮』乃『乱国之兆』。《史记·贾生列传》记载了这样一个故事：贾谊（西汉文人）左迁长沙第三年某日，有一只鸮鸟飞进他的住宅，停在了房间一隅。贾谊见状，自认为寿命不长，悲痛伤感。在这样一种不好印象背景前提下，猫头鹰类夜行性动物昼伏夜出，有在黑暗中耳聪目明，一到夜晚便盘旋于山林捕捉小动物的习性，人们认为肉食动物性格凶猛。可是与此同时也产生了一种观念，相反若得猛禽之力可以制恶。

湖南省长沙马王堆一号墓出土的棺木之一，在全面描绘的云纹间配有种种怪神和禽兽，其中也包含四支猫头鹰。这些怪神和禽兽可以解读为表现了当时的升仙愿望和吉祥、辟邪的思想，作为恶鸟、凶鸟的猫头鹰在这里，反而逆转，与祥瑞之鸟仙鹤等一起，作为保护死者的益鸟来表现了。河南省郑州及洛阳出土的西汉时代砖上，印章模具并排表现猫头鹰的例子人所共知，江苏省徐州及邳县出土的东汉时代的画像石，有的也把朱雀和猫头鹰并列，和龙、凤凰一同表示。从这些实例来看，汉代猫头鹰很难说只有凶意，可以推测猫头鹰是祥瑞之鸟或在冥界守护死者的。

蝉

汉代埋葬死者时，多让死者口含玉蝉现象众所周知（No. 64、No. 65）。玉制蝉早在新石器时代已见。

虽然从红山文化遗迹出土的蝉和蚕都有，但在湖北省石家河文化出土的显然被认为是蝉的东西。出土在玉器工房址，如何使用不清楚。商代蝉形玉著名，在安阳大司空村商代晚期墓中，有死者口含玉蝉之例。洛阳中州路西周中期墓中，从遗体口中也有所发现。因为人们一直相信玉有可保护死者遗体免于腐朽之力。可是，在汉代以前的墓穴里，放入死者口中的玉器不一定是蝉形。也有例子表明发现的是玉片或玉制各种各样小动物。此外，被认为是蝉的图案在商代和西周早期的铜器等上面也时常出现，只是作为附属的图案或加在提梁上的图案。

蝉形玉器在汉代以后突然变得多了起来。汉代之所以重视蝉，那大概是因为与蝉脱壳而出和得到新生命有关。所谓『蝉化』或『蝉蜕』『蝉脱』就是羽化。那就是说，长出翅膀，所谓『羽化登仙』就是说长出翅膀，升天成为仙人。另外，据《续汉书》及《晋书·舆服志》等记载，蝉形用作宫廷侍从官（侍中）及中常侍帽子上的装饰物。据说那是因为蝉只饮露水不食庄稼，是与清高相结合的产物。

这种装饰称作『金蜡附蝉』，加在帽子的正面。据说侍中把貂尾毛插在帽子的左边，中常侍插在右边。

关于这些『冠』，《汉书》中也有记载。蝉形装饰加在正面的帽子传阎立本画的『帝王图卷』（收藏在美国波士顿美术馆）中有所描绘，可能是金蜡附蝉的实物，敦煌挖掘的晋墓、辽宁省北票县发掘的北燕冯素弗墓也有发现。这些都是用金的细线和细粒制作而成的金银丝手工艺装饰金板。出土地不明的同类装饰此外还有几件（No. 66、No. 67），充分地展示了当时金银丝手工艺的精巧。

神仙世界

云雾缭绕的山岳之中，配上许多仙兽、仙人图案，多用于汉代器物上。这种表现神仙世界的花纹图案，展现了当时人们的愿望。希望长生不老的皇帝，秦始皇是人所共知的，在汉代这种愿望也十分盛行，西汉的武帝绝不逊色于秦始皇，希望万寿无疆，接近自称能访仙炼丹的方术之士，探寻成仙不死之道。仙人居住深山，这种神仙思想和信仰山岳在这些花纹图案中结合起来。

另外，汉代还特别注重『气』和云气等。人们认为，一方面清澄的阳气为天，另一方面沉重污浊之气为地，这种观念和这些山岳花纹图案彼此关联。《史记》及《汉书》等有很多关于『气』的记述。

据说，吉祥之物和蓬莱山等神圣场所、伟大的人物身上等都特有『气』，有人能分辨之。有记述说，作为祥瑞宝鼎在搬运途中黄云降临。云纹大概就是表示这种瑞云。

汉代是重视吉祥、瑞祥等的时代。人们认为为政者如果治国有方，各种各样的瑞祥就会应运而生。

这似乎不仅限于天子，例如：有个叫李翕的地方官，在河南渑池因修筑险峻山道，感动苍天，出现白鹿、黄龙，降甘露，出现木连理（两棵树枝体相连）、嘉禾（一棵谷物结多个穗），事迹刻于摩崖（No. 55）。

汉代这样的瑞祥之事有多次记录。例如：西汉文帝时代有出现黄龙的记载，武帝时代出现麒麟，发现鼎，有时为此改变年号。另外还有宫殿中生九棵芝草也是瑞兆的记录。而且，把瑞祥画在日常使用的各种器物上，人们认为这样可以招引来古兆。

期许多多普通老百姓也共有。这些到了汉代一度表面化公开化了。

汉代表现吉祥花纹图案的物品继承了来自汉代以前的悠久传统。例如：鱼和鸟的花纹图案、蝉、猫头鹰等都早在新石器时代就已亮相，而不是汉代首次才出现。恐怕关于这些吉祥的含义在民间一直脉脉相传。这些到了汉代一度表面化公开化了。

把表现吉祥的词语铭刻在各种器物上，镜、瓦、铜器等就是其有代表性的例子，但是这在汉代以前几乎见不到。在瓦上表示的吉祥语句有『长生无极』『长乐未央』『富贵万岁』等，在镜子上还铸造出『除去不祥』『位至三公』等包含吉祥语句在内的文章，大力宣传其效能。

在器物上表现出吉祥花纹图案的同时，还写有吉祥语句，虽然基本上是始于汉代，但这些是伴随战国时代走向汉代时期的社会变化，关于吉祥的想法观念也出现了很大的变化。

中国陶瓷创意图案意义与造型密切相关

今井 敦

一、清代瓷器吉祥图案

当欣赏清代工艺品时，某种『难以亲近』之感油然而生。虽然也有来自技术完成度高和独特品味方面的原因，但也不能认为只是因为中国人和日本人审美观不同所致。清代工艺品创意图案或多或少让人感到有些莫明其妙、令人费解。No.237在浓厚蓝色底色上使用色泽艳丽的粉彩颜料，采用纤细笔法弯弯曲曲地描绘出长有果实的桃树，其周围还有蝙蝠飞舞，其次，从桃树干上伸出灵芝。从清代的工艺品可以看到独特的优美色彩感觉和精炼讲究完成度高的创意图案，但是不可否认作品展现的题材与景物描写有古怪离奇之感。

野崎诚近氏1928年所著《吉祥图案解题》一书，集当时民间所绘吉祥图案之大成，并对此一一加以解说。包括宫廷的工艺品，收录了众多事例，成为解读隐含在清代工艺品创意中吉祥寓意的关键。

因为王母娘娘的蟠桃三千年结一次果，有吃了蟠桃会延长寿命的传说，所以桃寓意长命，表示『寿』。五只蝙蝠，由于蝠的发音与福相同，所以五经之一的《书经》中有『五福』，即象征五个理想的幸福：『寿（长生）、富、康宁（健康）、攸好德（修德）、考终命（尽天年长寿无疾而终）』。灵芝在具备有仁德之王出现时生长，是有长寿药效的瑞草。这里从形状类似来看，表示僧侣手持的道具之一如意。整体成为『福寿如意』即幸福和长寿都能事随人愿的意思。

同样，在No.247中隐含了『福在眼前』的寓意。正面中央七宝纹在中国古代表示古钱。钱中央四方的孔称为眼，在中国钱的发音同前，所以钱的花纹图案意味着眼前。其上方福的象征由蝙蝠来表示。

两者组合起来表示『福在眼前』，即不久幸福会来造访的意思。No.236 瓶左右大耳从侧面来看，仿照如意形状，瓶和平发音相同，寓意『平安如意』。

No.246 乍一看是静物画风格，也有见解指出其精致写实性描写受到西洋画影响，但仍然可以作为中国传统吉祥图案来解读。左上描绘的是红色物，用金彩线表现出来棱角线立在那里，应该是百合根（百合球茎）。右下的柿发音与事相同，橘与吉发音相通。与百合在一起，表示『百事大吉』，即任何事情都顺顺当当进行下去。其他的蔬菜和水果都用藤蔓象征不断增加开花结果、子孙繁荣的意思。此图所寄托吉祥之义看背面图案会得到更加确切的验证。用红色釉面颜料涂满整个一面，在冰竹纹（用竹子围成不规则网状图案）上，采用金彩表示出梅花纹。竹和梅组合在中国寓意夫妻，由此可知是与婚礼相应的吉祥创意。

清代工艺品吉祥图案，超越了简洁明快传达主题所具有的象征性意义阶段，借用表现各种各样器形或景物图案形象，那些图案太过于向充满吉祥意味的方向发展。对于中国人来说，可作为精炼考究的智能游戏，作为外一般，在某种意义上是一种转弯抹角的方式。那几乎可以说是『猜字谜、猜画谜』国人的日本人，几乎根本无法去解读图案创意所要传达的信息。主题和造型的关系难以鉴赏识别，可以说拉开了和作品的距离。

倘若再说些其他看法，题材和构图，有时甚至是色彩因『意义』理解受到制约，对于工匠们来说，也只留下一点点造型上发挥悉心钻研创意的余地。No.231 依靠象征幸福的蝙蝠（由于蝠与福同音）和寓意长寿的桃表示『多福多寿』的盘子，使盘子正反面图案相连的构图，意外性地发挥了创新设计理念。就是说，桃的干从高台侧面立起，连续延向器物背面，象征理想幸福的五只蝙蝠中，两只描绘在反面。度过康熙、雍正、乾隆三代鼎盛时期，到了晚清时代，工艺品的创意开始让人感受到闭塞抑郁的气氛，其中一个重要原因就是寓意图案发展到了极端的程度，靠『意义』造型就好像处在被五花大绑那样一种境地。

二、宋金时代磁州窑的吉祥图案

在此之前已经多次指出，元代以后，宋金时代器物上所表现出来的图案，特别是明清时代，这种吉祥图案完成了一个大的跨越发展。

在此之前，宋金时代器物上所表现出来的图案，性格和吉祥图案不吻合。

在中国华北地区一带，烧制供民众日用器物的民窑，取其代表性的窑场的名字，总称为磁州窑。

在北宋、金代磁州窑，靠刮除法、铁绘等技法进行图案装饰技艺十分发达，在同时代中国陶瓷之中，向世人展示了极其丰富的花纹图案世界。

20世纪初叶，在河北省南部巨鹿发掘了一个遗迹。这是北宋末大观二年（1108年）秋，由于漳河泛滥，埋藏在泥土下面的旧城遗迹被一举发现。当时人们的生活状况就那样保存了下来。从这个巨鹿遗迹出土了众多以磁州窑产品为首的陶瓷器，其中关于墨笔书写的器物汇总成报告。据该报告称，陶枕『崇宁二年（1103年）新婚』，写有『长命枕』字样的实例。虽然很遗憾这些枕头没有花纹图案，但由此可以窥知当时陶枕使用者端倪，可能是结婚时备下的枕头，寄托着长生愿望。

在观赏宋金时代磁州窑图案之前，想先接触一下明代吉祥图案的实例，那些图案明显是为了祝贺婚礼所准备下的或充满长寿愿望的。No. 104 是明代中期在景德镇民窑烧制的青花瓷器。器物口缘部有吉祥字句『金玉满堂长命富贵』，肯定是与祝贺场合相称的盘子。盘子中央描绘了一对仙鹤。鹤是被称之为『鹤寿千岁』的长寿的仙禽。成双成对的仙鹤图案是具有『白头偕老』即夫妇共同生活到老寓意的图案。周围描绘的松、寿石、灵芝等也象征长生不老。此外，No. 105 依然是明代景德镇民窑烧制的五彩瓷器，在日本称『金襕手』（红彩描金）。外侧六方置红色圆纹，圆纹中间交互表现成对的鹤和鹿。在中国鹿也是有代表性的长寿仙兽，称之为『鹿寿千岁』。看来这里成对的鹿和鹤同样都是表示夫妇白头偕老的愿望。钵内底描绘的是冬天不枯萎象征长生的松树，树干仿照『寿』字，该钵显然是为庆祝目的而烧制的。

雌雄鹿靠近的图案如果是充满『白头偕老』愿望的话，那么，从北宋时代磁州窑枕（No.106）成对的鹿可以读取到同样的寓意就绝对不是没有道理的。在磁州窑图案中，不光是来自这个主题本身所具有的象征意义的吉祥图案，还有不少实例可以解释为采用『谐音』，即基于汉字发音共同性的一种双关语来表示吉祥意义。例如：No.49 在日本通俗所说的宋赤绘（红花瓷）碗，采用釉上彩技法表现莲花和一尾鱼。描绘莲上加鱼，两者组合含有新意。在汉语中莲和连、鱼和余发音相同，所以莲和鱼图『连年有余』，即是寓意每年都有富余的吉祥图。另外 No.243 是时代往后推移的元代例子。孩子抱莲图，依然是出于莲与连音同，意味着不断生子的『连生贵子』。进而，No.206 三彩枕表现一只鹭和莲的图案，是寓意当年在中国曾经实行的被称之为科举的录用官吏考试及第的吉祥图。科举在地方上进行乡试、在尚书省礼部进行省试，天子亲自进行的是殿试等，有多个阶段，及第就开辟了出人头地之路。意味着莲子的莲颗，莲和连、颗和科发音相同，所以与『连科』相通，寓意科举考试连续合格。这个枕头上有一只鹭（鹭和路发音相同），花瓣凋谢、果实露出的莲蓬可以理解为是充满『一路连科』愿望的图案。

以如此形式期求肩负某种含义的不仅仅是花纹图案，还有器形也有时表示某种含义。如意本来是僧侣手拿的道具之一，但字面上含有如同所思所想符合心愿的意思，因而受到人们的欢迎。No.233、No.234、No.235 一类玉制如意，或剔红或七宝（景泰蓝类）施以华丽装饰的如意，作为一种吉祥物用于喜事互相赠送礼品。如意多用于吉祥图案，和瓶（与平发音相同）组合表示『平安如意』，或和鲶（与年发音相同）组合表示『年年如意』。描绘两条鲶游泳样子的枕头（No.238）整体形状仿照如意，所以图案和器形组合，靠读音可解释为寓意『年年如意』。磁州窑从北宋时代末至金代，这种如意形枕头大量制作。尽管这些都毫无疑问的是提供实用的，可是作为陶枕的形状过于特殊。由于考虑到随心所欲符合梦想的构思，仿照如意形状的陶枕流行便容易理解了。

如果诚然如此，那么如意形状的枕头便寄托着人们各种各样的愿望了。这种形状的枕头多为采用

白地黑刮除技法，表现印象性花纹图案的佳品。No. 124表示的牡丹象征富贵。No. 248的喜鹊笃信祥瑞之鸟报知喜事到来。旧金山亚洲美术馆所藏的陶枕上，有鹿和灵芝云（蘑菇云形状）。鹿是长寿的仙兽，灵芝有长生的药效，所以是寓意长寿的图案。台北鸿禧美术馆的藏品展示了猫和蝴蝶的图案，『猫』、『蝶』的发音意味着非常长寿。大英博物馆里收藏着一个很有名的陶枕，图案是一头熊用绳子系在桩子上，这个令人费解的图案，可以解释为：意味着绳的『缨』和『英』、『熊』和『雄』发音相同，再加上熊直立着，从读音角度出发，该图寓意『英雄独立』（注）。如此从如意形状的枕头所表现出来的种种图案，可以读取出各自不同的愿望。

在这里我想先指出一点，宋金时代磁州窑常见图案有相当一部分，作为与现代意思相通的吉祥图案可以解释出来，而且数量众多的花纹图案都可以看到其相当发达很有讲究的寓意。这是极其成熟的市民文化的产物，这一点不容置疑地再次得到证明。另外，可以设想宋代产生出了自由奔放绘画风格的图案，其产生和发展与宋代绘画志向见闻录表达有关，他们同时发现自己身边实实在在的动植物的吉祥意味，积极地将其纳入到图案中成了一个重大因素。

〔注〕根据长谷川祥子氏（静嘉堂文库美术馆）赐教。

三、元明时代青花瓷吉祥图案

以荷花、荷叶为中心，莲蓬、莲子，加上慈姑、蓼等几种草花用缎带捆扎在一起的图案称之为束莲纹。

如No. 19，除明代早期青花瓷器喜欢描绘外，金代磁州窑（No. 18）或清代官窑瓷器（No. 20）也可看到，由此可知，从宋代至清代，不论官窑、民窑都广泛采用束莲纹。

在英国大维德财团珍藏品中，有一件耀州窑青瓷碗令人兴趣浓厚，采用的就是印花技法表现的束莲纹。荷花、荷叶、慈姑叶外加牡丹花组成的三个束莲纹，配在碗中央三个方向上，在荷花上方分别

各有一个字，它们分别是『三』『把』『莲』的字义：不外乎是莲的花束三把，但既然特意添加文字，就该考虑有相应的理由。No.20 束莲纹描绘的不是通常的荷花，而是一枝茎各开两朵花的『并蒂同心』，象征夫妇和合。用莲花制成花束也可能确有其事，但不能认为就那么普通通。

相对于反反复复不断描绘的束莲纹，可作为莲以外的其他花卉组成的花束几乎没有一例。综合考虑以上现象，可以得出一个结论，束莲纹肯定应该是表示什么特殊含义的图案。

束莲纹往往都是花瓣凋谢后加上莲的果实。莲的发音同连，在中文当中，意味着莲的果实就是莲子，连子即与孩子一个接一个地出生相通。另外，莲有上面开花的同时，下面就能结果的『花实齐生』特性，所以用来比喻早生贵子。束莲纹常常表现出来的与泽泻相似的三出（三叉）形叶子，在中国理解为慈姑叶（泽泻与慈姑有非常接近的类缘关系）。慈姑其球茎可食用，据说『慈姑根每年生十二子』，所以象征多子多产。在现代的日本，一直保留新年煮慈姑吃的习惯，或许这与寓意多子多产的吉祥词义有关。

另外，在日本俗称『赤饭』的马蓼花也是开很多小粒状的花，也让人联想多子。No.17 是印花表示束莲纹的耀州窑的青瓷碗。制作年代大致是北宋时代末至金代，作为陶瓷器上表现出来的束莲纹是比较早的实例。莲蓬、荷花、莲子、荷叶，还有慈姑叶，用缎带扎起来的典型束莲纹上，四个童子在眼前玩耍。这大概算是束莲纹寓意多子吉祥图案的一个典型例证。

慈姑叶之所以寓意多子多产，是因为联想其根，莲则联想繁盛的存在。莲有在泥中伸展增加粗壮的藕，花和叶接连不断茂密生长的性质。为此，莲池图作为『本固枝荣』即寓意发展繁荣的吉祥图受到人们的欢迎。不仅如此，表示莲藕的『藕』字发音，与寓意结伙搭伴儿的『偶』相同。意味着莲的『荷』的发音与『何』相同，『因荷得藕』（从莲得到藕）与『因何得偶』（有缘分结为同伴）相通。因此，莲不仅有子孙繁荣，还有祝福喜结良缘之义。鸳鸯总是成对出现不分开，象征着男女深深相爱和幸福结婚，多数场合与莲合在一起表达。不仅有鸳鸯在莲池嬉戏的样子（No.24、No.25、No.26），也有

唐三彩枕那样相对的鸳鸯各骑莲花。鸳鸯乘莲花图在日本法隆寺献纳宝物及正仓院宝物中也零散可见，由此可知，鸳鸯和莲之间深切结合不一般。

构成束莲纹的植物总是水边草花。因此，要表示吉祥意思未必要搞成花束，从生图案，理应可以表现同样的寓意。实际上莲和慈姑、蓼等充满画面丛生的池图（No.14）、明代剔红（No.15）、清代五彩瓷器（No.16）等，喜欢超越时代、材质和技法的表现。No.12的定窑白瓷、No.13的耀州窑青瓷图案，圆形画面上为了协调烧制成藤蔓花纹图案，仍然是把莲池图案化。故慈姑叶也可见到，莲池图案之所以受欢迎，大概是因为那里和束莲纹一样同样充满着吉祥的意思。当我们考虑不仅是器物上表现的莲池纹，以莲池为题材的绘画作品（No.30、No.31、No.32、No.33等）大量制作的动机及接受这些图案的背景时，莲池图寓意的吉祥意义便不可忽视了。

元代晚期，在景德镇窑确立了青花技术，中国陶瓷史便真正进入了彩绘瓷器时代。莲池图、莲池水禽图、鱼藻图（No.46）等，元代青花瓷器所描绘的纹样题材和当时江南地方工匠画工所描绘的绘画画题共同之处甚多，这些不知不觉地就指出了与元代青花瓷器的影响关系。可是，当着眼于隐藏在画题背后的吉祥意义时，那与其说是受到了影响，倒不如说是追求公开点缀的绘画及当时所使用的器物具有同样喜好的题材，因而应该可以理解为选择了相同主题。元代青花瓷器上所描绘的多数纹样，正是宋代青瓷、白瓷、磁州窑等常见的传统吉祥图案，除去表现故事场面的图案等之外，可以说，在元代青花瓷器物上，首创的作为工艺品图案能够提及的题材真是少之又少。

元代青花瓷器上所描绘的莲池图（No.14），从斜上方去看莲和慈姑丛生状态的构图，十分规则地配置在圆形画面上。其特征表现在宛如观看小孩作的画那样一种幼稚朴素的原始表现。对此，明代早期束莲纹（No.19）均匀地配置在圆形盘中，运笔畅快，与周围的蔓藤纹和波涛纹遥相呼应，变成重视整体协调的样式。元代青花瓷器收放在圆形盘中充满子孙繁荣寓意的吉祥图案，所描绘的莲池图在更加注重追求与器形协调的过程中，也许是可以置换成束莲纹。也就是说靠缎带捆扎这样一种视觉上的

表现，来表示草花组合的束莲纹，可以认为那是为了表示和原本的莲池纹同等的吉祥寓意，创意出来的吉祥图案。耀州窑和磁州窑的束莲纹恐怕是以同样的原委被采用的。

关于瓜图，也可以看到保持同样的『意思』和样式的展开。瓜的藤蔓伸长，结很多果实，象征世代连续和多子。祝贺子子孙孙繁荣昌盛的『瓜瓞绵绵』（瓞为小瓜）词句，来自于很久以前的《诗经》。No.138是明代早期青花瓷，从地面长出一根瓜藤，接连不断地向空中结出硕大果实，作为自然景物表现多多少少有些不真实，而作为表现『瓜瓞绵绵』的吉祥意义可以理解。在此之前的元代青花瓷器上人们喜欢描绘瓜图，No.137与芭蕉和寿石一起，描绘了在长长伸出的瓜蔓上一个接一个果实成熟的情景。不留余白，无缝隙地描绘得满满当当，这是元青花瓷有时被称作『空间恐怖』的独特的纹样构成法，吉祥的意思难以传达。与此相比较，明代早期的No.138，一方面更加强调吉祥的意义，同时在大盘圆形画面进行协调的构图，努力使样式更加精炼。进而，到了官窑瓷器样式达到完美顶点的成化年间（1465～1487），在这个方向上又向前推进了一大步。No.139是成化官窑青花瓷器的典型代表作。碗形具有舒缓的圆弧，碗口微微外翻，很有品味。在欧美以宫廷碗的名义珍藏。碗外侧在三个方向上以纤细笔触分别描绘出了瓜纹，和优美的器形良好协调，有着高贵的情趣。这种在瓜蔓上结果的纹样主题还是『瓜瓞绵绵』。地面没有描绘，把瓜蔓端处理成蔓藤纹风格，巧妙地暗示绵延不断的情景。

从以上看到的莲池纹到束莲纹的展开，或者『瓜瓞绵绵』纹样的变迁，表示具有令人喜欢的吉祥意义的题材飞跃上了一个台阶，更加重视整体调和的造型，靠视觉表现作为强化吉祥意义的方向性，能够得以把握。其次，可以认为这个『整体造型协调的优势』及『利用视觉的意义传递』，在明代早期官窑（烧制宫廷御用品的窑），和民窑划清界限的官窑独自样式成立之际，作为重要因素起作用。

称之为永乐样式的明代早期青花瓷器，把牡丹、莲、菊、山茶花一类代表春夏秋冬四季的花卉串联起来的蔓藤纹不止一次地被描绘（No.19、No.50）。可以考虑这是表示四时花令不断的寓意纹样，明显

地说明了永乐样式的特色。

了解纹样及器形的含义，解读寄托在创意构思里的信息，是为了明确工艺品使用的场合和制造意图所不可或缺的工作。另外，在理解造型和表现基础上，思考样式展开，也成为重要的视点。这是因为制造作坊的工匠们最大的关注和课题，理应在于所应该表达的令人喜欢的意义，和如何使担负这个意义的主题造型化这一点上。

图版·解说

一、连年有余——莲、水鸟和鱼

莲、水鸟和鱼在中国自古以来象征着生活富足。莲的花朵与果实都长势茂盛，生命力极强，所以莲作为富饶的象征。另外，因为「莲」的发音与「恋」相通，「荷」的发音又与「合」相通，所以，莲也过去常常把莲花喻为「水中芙蓉」，把花的美貌比作美人。莲花出淤泥而不染，在佛教中象征超脱。在中国诗文当中，寓意由于恋爱和结婚生子而带来子孙满堂。还有人赞美其清新俊逸，作为君子的象征。北宋的周茂叔（周敦颐，字茂叔）在千古名篇《爱莲说》中，赞美「菊，花之隐逸者也」，「牡丹，花之富贵者也」，「莲，花之君子者也。」

水鸟象征富饶，鸳鸯雌雄成双成对偶居不离，意味着夫妇恩爱多子多孙。另外，对于仕途文人来说，选拔录用官员的科举考试极为重要。而荷塘水禽中的白鹭和莲寓意着「一路连科」，「鸭」则含有科考及第「一甲一名」的愿望。

《诗经》中赞美君贤民乐的诗歌「鱼藻」，鱼被用来比喻吉庆，另外，据说鱼在古代歌谣中也常用来寓意恋人。例如：在荷叶中穿梭戏耍之鱼比喻为男士，而荷叶比喻为女子。鱼的发音与「余」相通，「有余」意味着「富裕」，「连」音通「莲」，合在一起就是连年有余，寓意吉祥。

1 莲花纹（图案）勾滴筒瓦（圆檐头瓦）一个
直径15.6
西汉时代，公元前2-1世纪
东京大学文学部（系）

本品虽为流行于汉代的云纹（螺旋形图案）勾滴筒瓦的一种，但是，由于其中央圆内有雄蕊（莲子），雄蕊周围配有四片花瓣，所以可以认为表示的是莲花。在中国人们对莲花的喜爱始于佛教传来之前，这是一个佐证的实例。

莲花

众所周知，莲花在佛教中具有重要意义。另一方面，莲花在中国有着种种独特的吉祥之义。莲花被称为『花中的君子』，常作为品格高尚纯洁的一种比喻。莲花因为其生态的关系和『莲』与『连』发音相同，而寓意婚姻幸福美满和多子多福。在汉代还提出过莲花是天的象征的说法。可以认为，历朝历代不断制造出以莲花作为图案的瓦和各种器物，就是因为人们赋予了莲花多层丰富含义，因而，作为吉祥之物深受人们的喜爱。

2 佛像风镜 一面
直径14.5
三国（吴）时代，3世纪
东京国立博物馆

后汉时代以后，由于佛教的普及，中国本土的爱莲情结与伴随佛教自印度传入中国的莲文化逐渐融合为一体。本品正是体现这一过程绝好的例证，在前汉时代以来流行的四瓣莲花纹间加上其他本土的花纹图案，一起表示佛像。

3 莲花纹青瓷盘 一只
高4.0 直径25.0
南朝时代，5~6世纪
东京国立博物馆（横河民辅氏捐赠）

本品用轮廓清晰具有丰满花瓣的莲花纹图案，施以略带有黄色的青瓷釉。仿莲花的碟或盘自南北朝时代就开始流行了。毫无疑问其时代背景是佛教的繁荣，然而，作为其基础，莲在中国固有的吉祥之义这一点也不可忽视。

4 莲花纹勾滴筒瓦（檐头筒瓦） 1个
直径 13.6
北朝时代，6世纪
东京国立博物馆

5 莲花纹勾滴筒瓦（檐头筒瓦） 1个
直径 13.8
唐代，7世纪
东京国立博物馆

到了佛教普及的南北朝时代，勾滴筒瓦（檐头筒瓦）的花纹图案多了起来。后来，经过唐代直到宋代，纹勾滴筒瓦（檐头筒瓦）流行起莲花纹。元代以后的纹勾滴筒瓦（檐头筒瓦）多采用龙等其他花纹图案，莲花纹图案便不怎么见了。

6 镀银龙池鸳鸯莲花瓣纹碗　1个
口径14.0　高5.2
唐代，7世纪
兵库·白鹤美术馆

这是用于盛水或放置水果、点心的器皿。碗侧有仿莲花瓣，其内外均以小圆纹（纹路交错鱼子纹）为地，上面是宝相花（扇状藤蔓花纹）及禽兽的轮廓线条，内底以龙头为中心，有鸳鸯、鲤鱼、鲶鱼栖息，表示仙界池塘模样。作为宫廷及宫廷周围使用，是当时的极品之一。

007　一·连年有余

7 三彩印花莲花纹三足盘　　一只
高 6.4　直径 29.3
唐代，8 世纪
东京国立博物馆（横河民辅氏捐赠）

由莲花、荷叶、花蕾、花瓣组合而成，整体构成一朵花形。独具匠心，给人一种平缓舒畅的动感。由于把白色作为主色调，又有效地利用了蓝色，所以作为唐三彩有着清秀脱俗的感觉。盘底有三短足。

8 白瓷莲花纹盘 一只
直径20.1
北宋时代，11–12世纪
静冈·MOA（冈田茂吉）美术馆

本来可能是作为杯托来使用的。恐怕当初伴有仿莲花果实的盖杯与之相配，整体设计为莲花造型。是北宋年间烧制的所谓青白瓷，其清秀纯洁的釉色与莲花形象十分吻合。

9 莲花剔红雕漆盆

直径 18.1　高 2.9
元代，14世纪
东京国立博物馆

一只

这是一个仿莲花盆。花瓣雕刻得棱角分明十分有力。大家知道同类作品中伴有莲子形有盖盒子实例，开花同时结果这一莲子的特性，无疑有着令人们喜欢的意思，即寓意早生贵子。

11 黄釉莲花纹碟

景德镇窑「大清雍正年制」铭文
高 5.8　直径 29.4　底径 17.8
清代雍正年间（1723～1735）
东京国立博物馆（横河民辅氏捐赠）

一只

由于花瓣呈拧花状，所以有动感，使人联想到盛开的莲花，可谓巧夺天工独具匠心。总体施以清代新开发出来的鲜艳夺目的柠檬黄色釉子。碟底使用青花记有「大清雍正年制」的楷书铭文。

010

10 青花莲花纹碟　　1只

铭刻景德镇窑「大明万历年制」
高4.4　直径19.8　底径5.7
明代·万历年间（1573～1620）
东京国立博物馆（横河民辅氏捐赠）

这是使用模型制成的莲花形碟子，外侧莲花瓣呈立体感。中央所表示的是梵文装饰性文字，阿弥陀如来佛的字样。是具体表现了将莲花的创意图案和佛教结合的实例。碟底有「大明万历年制」的青花铭。

荷塘图

莲，开花的同时结果的特性寓意『早生贵子』，由于『莲』和『连』同音，『藕』和两人并肩而耕的『耦』同音等缘故，所以莲具有恭祝喜结良缘、祈盼多子多福的意思。莲花图案上常常添加类似慈姑的羽状三出叶片，据说食用其球茎可『年生十二子』，依然是多子多产的象征。莲在淤泥中使粗壮的莲藕伸展增殖，接连不断地开花长叶枝繁叶茂，所以丛生的莲花图『本固枝荣』，即比喻主干强固、枝叶也就自然茂盛了。

12　白瓷荷塘纹碟　　1只
定窑
北宋时代 11～12世纪
高2.7　直径25.8　底径18.3
东京国立博物馆（横河民辅氏捐赠）

除莲花、莲子、荷叶之外，慈姑叶可图案化表现出来，体现莲花在池中盛开的样子。这是宋代首屈一指的白瓷名窑——定窑的典型作品。常表现为牙白色釉、流畅的花纹图案采用片雕（一面垂直雕一面斜着雕）等特色。

13 青瓷荷塘纹钵　一个

耀州窑
高7.0 口径22.5 底径7.2
北宋～金代，12世纪
东京国立博物馆（广田松繁氏捐赠）

该作品采用大胆变形的莲花、荷叶，加上慈姑叶泼辣的表现，采用了令人心情舒畅的片雕（一面垂直雕一面斜着雕）手法。仍然是表现荷塘的图案。这是陕西省铜川市耀州窑所烧制的青瓷，十分有韵味的橄榄绿为其特色。

14
青花莲池纹纹花碟
景德镇窑
高7.0 直径41.0
元代 14世纪
东京松冈美术馆

元代后期在景德镇窑开始烧制青花瓷器，中国陶瓷史步入真正的彩绘时代。该碟所表现的莲池图，由莲及慈姑等有规律呈圆形画面配置组合，看上去宛如百子图似的，表现朴素典雅。

一只

15
莲慈姑雕漆盆
直径32.4 高4.3
明代 15世纪
东京国立博物馆

丰满的莲花与荷叶占据了整个圆形画面，再附加慈姑花和慈姑叶，可以使人领略明期盼子孙满堂的吉祥之意。这是明代所制作的雕漆。反复多次涂上红漆再用尖刀雕刻出花纹。

一只

16 五彩莲池纹碟

景德镇窑
高6.2 直径34.8
清代 17世纪
东京松冈美术馆
一只

莲池风景以丰满的莲花为中心，从圆形画面呼之欲出，描绘得栩栩如生，富饶大气。配色经过充分计算，浓淡虚实相间，充分运用色彩效果技巧。这是清代初期康熙（1662～1722）五彩瓷器。

17 青瓷莲唐子文碗 1口
耀州窑
北宋／金代 12世纪
口径14.9
大阪市立美术馆

将莲蕾、莲花、莲子、莲叶，还有慈姑束在一起，四个童子戏耍悬垂于下。由此可见束莲纹依然具有多子寓意。这是北宋后期，耀州窑青瓷表现在陶瓷器上的束莲纹早期的例子。

束莲纹

以莲花为中心，用缎带把莲蕾、莲叶、莲实、慈姑叶、蓼等，束起来而构成的图案，称之为束莲纹。自宋至清，不管官窑、民窑均广泛采用。莲有祝良缘、愿多子多孙之意，慈姑也象征着子孙繁荣。从形象上看，蓼也还是会让人联想到多子。和莲池纹一样，这是具有吉祥寓意的花纹图案。在追求和器物造型相协调的过程中，取代了莲池纹，把寓意子孙繁荣的花草相互组合，用缎带束在一起，借以表达吉祥之意，人们在表达方式上一直动足了脑筋。

18 白釉铁绘束莲纹瓶 一个
磁州窑
高17.9 口径7.6 底径13.6
东京国立博物馆（横河民辅民捐赠）

将莲蕾、荷叶、慈姑叶束在一起的束莲纹，尽收在圆圆的鼓鼓的瓶体上，十分般配。磁州窑到了金代，取代刮除技法，而盛行铁绘技法。充分展示出了飘浮的缎带和妙笔彩绘图案结合的特色。

一·连年有余

018

19 青花束莲纹大盘
景德镇窑
明 15世纪
高 8.6 直径 44.3 底径 29.3
东京国立博物馆（横河民辅氏捐赠）

这是明初景德镇窑青花瓷器。和元代青花瓷器相比，运笔变得富于节奏，成为重视整体协调的图案构成。与描绘在其外围的牡丹、荷花、菊花、山茶花相结合的唐草纹构成吉祥图案，寓意四时鲜花不断。

20 豆彩束莲纹钵
景德镇窑「大清雍正年制」铭
清雍正年间（1723～1735）
高 14.0 口径 20.2 底径 11.0
东京国立博物馆（广田松繁氏捐赠）

一个口一根茎各开两朵莲花。这个「并蒂同心」图案与莲的各种吉祥之意相辅相成，象征夫妇和睦。清朝鼎盛时期官窑格调高雅的风格，充分展现在极其精致的笔触、釉上彩绘、清纯设色等方面。

21 镀金鸳鸯宝相花纹簪 一对
长 28.7
唐代 8～9 世纪
大阪市立美术馆

作为唐代贵妇人喜欢绾住发髻的装饰品。为了方便插在头发上，而把柄做成两叉，在前端装饰部，把鸳鸯、荷叶、龙头、宝相花等雕透，并镀金。流畅的花纹和金色交相辉映，巧妙地演绎出了与女性饰品相称的华贵。

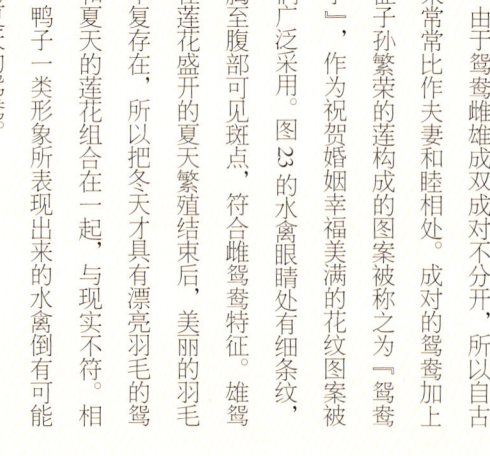

鸳鸯贵子——莲与鸳鸯图

由于鸳鸯雌雄成双成对不分开，所以自古以来常常比作夫妻和睦相处。成对的鸳鸯加上象征子孙繁荣的莲构成的图案被称之为「鸳鸯贵子」，作为祝贺婚姻幸福美满的花纹图案被人们广泛采用。图 23 的水禽眼睛处有细条纹，自胸至腹部可见斑点，符合雌鸳鸯特征。雄鸳鸯在莲花盛开的夏天繁殖结束后，美丽的羽毛便不复存在，所以把冬天才具有漂亮羽毛的鸳鸯和夏天的莲花组合在一起，与现实不符。相反，鸭子一类形象所表现出来的水禽倒有可能成为夏天的鸳鸯。

23 白釉划花水禽纹枕　一个

磁州窑
长径 19.9
北宋 11 世纪
静冈佐野美术馆

这是北宋前期磁州窑的陶枕。纹样采用刮除手法来体现，仿金属器，白底儿部分用鱼子填充。属于绘画风格图案表现确立之前阶段的作品，空间捕捉方式和主题图案相互位置关系表现上比较生硬。

22 三彩印花鸳鸯纹枕　一个

高 6.0　长 12.0　宽 10.0
唐代 8 世纪
东京国立博物馆（广田松繁氏捐赠）

这是唐三彩枕。采用模压技法印花，表现一对鸳鸯面对面相视，分别乘坐在莲花上。表示夫妇好合的鸳鸯与象征子孙繁荣的莲组合在一起，可理解为寓意夫妇和睦早得贵子。

24 白瓷印花鸳鸯纹钵
定窑
高7.3 口径18.0 底径6.1
金代 12～13世纪
东京国立博物馆（广田松繁氏捐赠）

这是一对鸳鸯在莲池的嬉戏图，其展翅的姿势实属罕见。靠近内底在游动的两条鱼也和鸳鸯一样，象征着男女之爱的深情。纹样靠印花（模压）技法体现，显示艺术手法极其细腻。

25 青花莲池鸳鸯纹钵　　一个
景德镇窑
元代 14世纪
高13.9　口径29.7
大阪市立东洋陶瓷美术馆

在莲花盛开的池中，一对鸳鸯相向。图案显然寓意夫妇和合。景德镇窑真正烧制青花（蓝釉花纹）瓷是在元代后期，这一时期喜欢把莲池鸳鸯图描绘在青花瓷器上。

26 法华莲池鸳鸯纹瓶

景德镇窑
高27.1 口径4.4 胴体16.2 底径9.1
明代 16世纪
东京伊势文化基金

1个

表现了一对鸳鸯在满开的莲花间恩恩爱爱游动的姿态。雄鸳鸯在回头从远处张望后方的雌鸳鸯。是明代制作的被称之为法华的三彩的一种，采用厚涂重抹的细线来区分纹样轮廓，分别涂上紫色和浅蓝色等色釉以点缀。

27 莲池水禽雕红漆盆 一个
直径 32.8 高 4.7 底径 25.6
元代 14世纪
个人收藏

以莲和慈姑、加上蓼占满整个圆形画面，雕刻有力，其间有两只水禽在翩翩起舞。水禽表情栩栩如生，整个表现手法厚重而强劲。上方的鸟似是只雄鸳鸯。下方的水禽为什么鸟难以确定。

28 柳水禽螺钿盒子　一套
明代 15世纪
东京国立博物馆（伊团能氏捐赠）
直径 42.3　高 7.7

以写生风格表现出来的野鸭戏水图表情十分丰富。在《诗经》（大雅）〈凫鹥〉中，野鸭常作为福禄双双到来的瑞鸟来吟咏，另外，「鸭」是甲字旁，象征着科举殿试名列前茅，明代中期螺钿代表作之一。

29 五彩莲池水禽纹瓷缸一口

景德镇窑 「大明隆庆年造」铭文
高35.6 口径55.3 底径39.4
明代 隆庆年间（1567～1572）
东京·畠山纪念馆

大瓮是用来养金鱼等用的。该瓷图案表现水鸟在莲花盛开的池中嬉戏，画面充满浓郁富饶的气氛。明代后期隆庆年间（1567～1572）官窑烧制的五彩瓷器的代表作之一，色泽艳丽，釉面颜料极佳，值得一提。

30 莲池水禽图 2幅

于子明 作
绢本设色
各 122.0×73.8
南宋 13世纪
京都·知恩院

这对莲池水禽图,一幅描绘莲、芦苇、野鸭、鱼,一幅描绘莲、蓼、白鹭、鱼。描绘出了莲从蓓蕾、开花到盛开,进而从花落变为败荷,萼富于变化的千姿百态。据说莲的这种花和果实共生的特性,寓意『连生贵子』,孩子早出生、多子多福。成双成对的白鹭和野鸭都象征着夫妇和合。另外,由于莲和连、鹭和路发音相通,鸭字又是由甲字旁构成,所以也寓意『一路连科(连续科举中第)』『一甲一名(考中头名状元)』。虽然生长在水边的『蓼』结果实特别多,有时意味着个子高大,而『芦』与『路』音通,人们用蓼、芦和莲寓意『一路连科』。鱼和余音通,寓意『有余』,和莲加在一起,就成了『连年有余』。本图上盖有『毗陵于氏』和『子明』之印,由此可知这是以画草虫图出名的毗陵(江苏省常州)的于子明所作。

029　一·连年有余

31 莲池水禽图
传顾德谦 作 2幅
绢本设色
各150.3×90.9
南宋 13世纪
东京国立博物馆

传称顾德谦所作的这两幅莲池水禽图，和于子明的作品具有几乎相同的内容。一幅描绘了莲、水莲、芦苇、野鸭，另一幅描绘了莲、蓼、白鹭。莲从含苞欲放、开花、进而落花、成为败荷、萼等一系列变化姿态在两幅图中有所展现。与于子明的作品相比，莲荷多丛生。莲荷丛生为吉祥图，意味着"本固枝荣"，象征着繁荣。本图虽未描绘鱼，但是以莲池和水鸟为主题，依然充满了富有和夫妇和合、子孙繁荣、科举及第等种种心愿。顾德谦为五代南唐画家。本图顾德谦落款虽然是后加上的，但可以认为是南宋末期之作，和于子明的作品并称为现存设色莲池水禽图的佳品。三井家旧藏品。

32 莲鹭图 2幅

传徐崇嗣 作
绢本墨画
各95.3×43.6
元代 14世纪
东京国立博物馆

和水墨画的莲池水禽图都描绘得众多。本图为元代水墨画莲池水禽图。两幅均描绘了丛生的莲和芦苇、白鹭,其中一幅还描绘了鹡鸰。莲花为清一色的盛开之花,无蕾和萼。本图虽然把莲花和白鹭作为表现的中心,但是,因为莲与连、鹭与路、芦与路音通,所以仍然具有「一路连科」的寓意。本图曾被认定为徐崇嗣之作。徐崇嗣是北宋初期花鸟画家,擅长写生。

始于唐代中期的水墨画,给中国画添加了微妙的水墨明暗表现手法,带来了传统设色画前所未有的各种崭新的表达方式。在水墨画兴盛的五代时期,还出现了专画龙水及藻鱼的画家。在江南一带,设色画

33
莲池白鹭图
绢本墨画
各 110.5×55.6
元代 14 世纪
长母寺・个人收藏

2 幅

两幅均描绘了充满整个画面的丛生的莲,分别配上成双成对的白鹭,一幅还描绘了慈姑和水中之龟,另一幅加上蓼和水中之虾。莲表现出从蕾到萼的一系列千姿百态。可以说,这些主题使人联想到富贵繁荣、夫妇和睦、子孙繁荣、科举及第等种种祈盼。慈姑因含有慈字,受人欢迎,意味着慈善。龟为四灵之一,可占卜吉凶,同时又寓意延年益寿,另外,龟甲的甲也与『一甲一名』(头名状元)相通。虾腰弯曲自如,弹跳力极佳,在吉祥图中常寄托着『弯弯顺』这样一种一帆风顺的好运之义。本图虽然被认为是出自元代职业画家之手,但是其靠水墨来表现写实的手法,极佳。

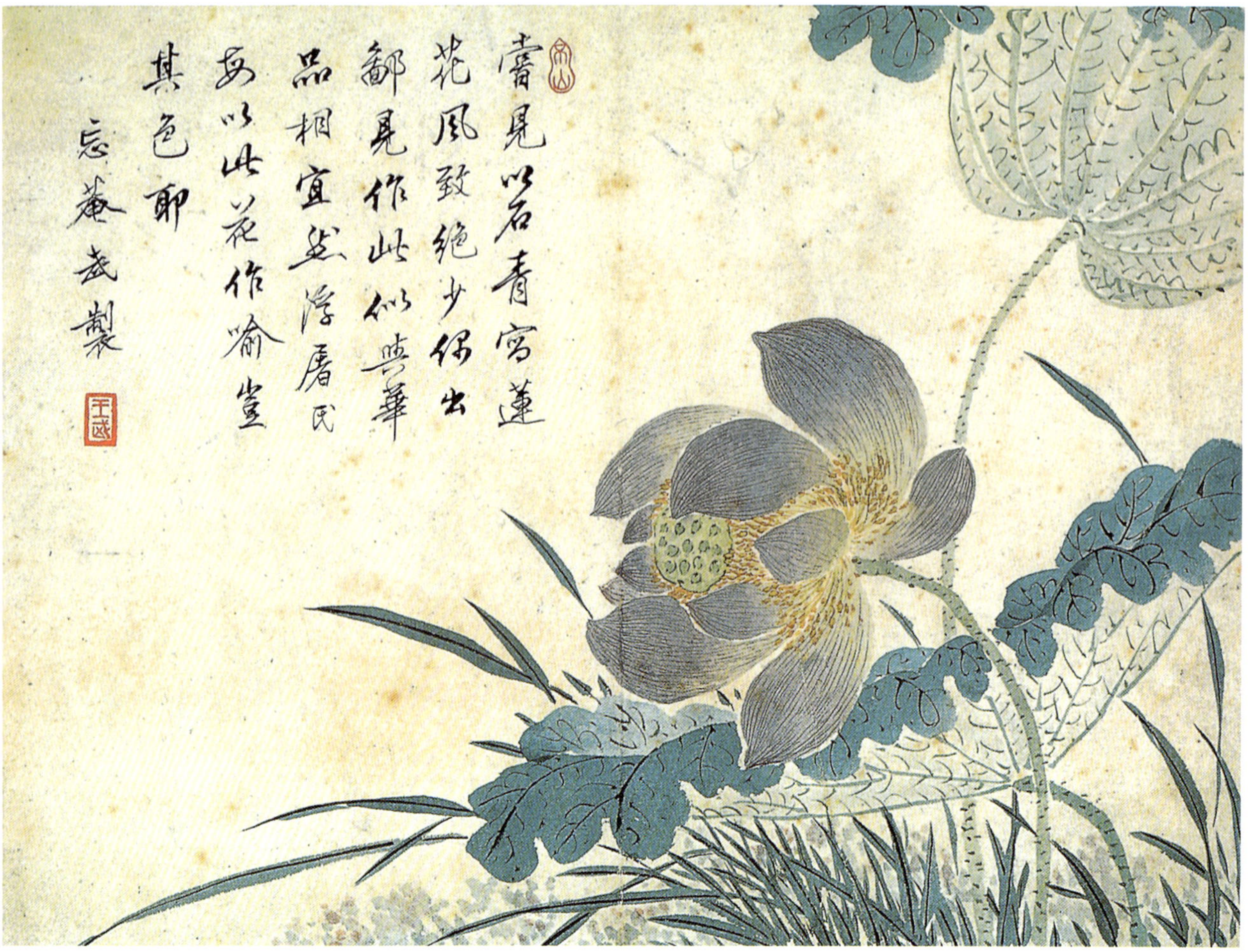
嘗見以石青寫蓮
花風致絕少作出
鄙見作此似與華
品相宜然浮屠氏
每以此花作喻豈
其色耶
忘菴武製

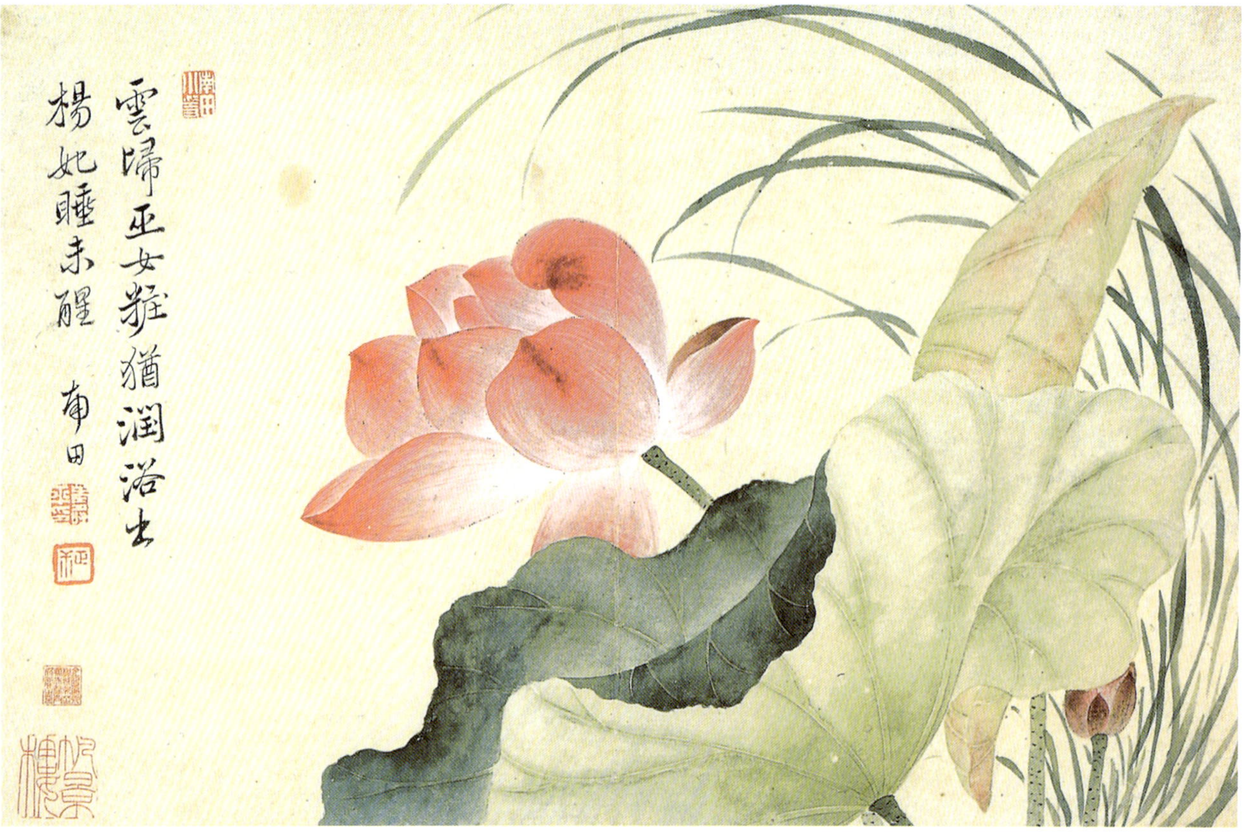
雲歸巫女妝猶潤浴出
楊妃睡未醒
南田

34
红莲图（花卉册内）
王武 作
纸本淡彩
26.5×36.9
清代 康熙十五年（1676）
大阪市立美术馆
1幅

莲花作为象征着世俗富足之物的同时，因其花散发清香，充满清逸之感，深受文人喜爱，在许多诗文当中都赞美荷花之美妙。北宋周敦颐（字茂叔，号廉溪）在《爱莲说》中，赞美道：世人盛爱牡丹之富贵，陶渊明独爱菊之隐逸，予独爱莲花之君子出淤泥而不染。绘画中也有不少描绘了莲花本身之美妙，即使作为文人画题材也广受欢迎。本图为清代初期王武（1632～1690）的作品。王武是长州（今江苏省苏州）人士，字勤中，晚年号忘庵、雪颠道人。此幅红莲图靠明快的没骨彩色，自然地描绘出莲花之美。可以说是继承了明代文人画，例如陈淳的荷花图卷（收藏在美国密苏里州堪萨斯城纳尔逊·阿特金斯艺术博物馆）之情趣。

王武（1633～1690）是清初文人画家。初名格，号南田、白云外史等。历史传统上久负盛名草虫图的武进（江苏省常州）人士，别开生面地采用没骨法色彩丰富的表现手法，运用到花鸟图上。后世，与王时敏、王鉴、王翚、王原祁、吴历一起，并称为『四王吴恽』，成为清初六大家之一。

35
红莲图（花卉册内）
恽寿平 作
纸本设色
27.5×43.0
清代 18世纪
大阪市立美术馆
1幅

莲花之美也常被比喻美人。这幅『红莲图』有个自赞：『云归巫女妆犹润，浴出杨妃睡未醒』，恽寿平把红莲之美比作白居易诗中吟诵的楚怀王梦绕的巫山神女及唐玄宗宠妃杨贵妃的美貌。恽寿平

36
荷花图（指画册内）
高凤翰 作
纸本设色
28.2×12.4
清代 雍正十二年（1734）
大阪市立美术馆
1幅

高凤翰能用指尖自作画，他的这幅『荷花图』逸气不凡。高凤翰在画上自题『君子之风，其清穆如』。此句可能是依据《诗经》『穆如清风』（形容人的温柔和蔼天性），把莲比作君子。在这本指画册中除本图之外，还有牡丹、桃源、芭蕉葵花、菊石疏篁、梧桐、枯木竹石、梅花等，其描绘中强烈表现出了脱俗隐居的气氛。高凤翰（1683～1748？）为胶州（山东省）人士，字西园，号南村、南阜、老阜等。擅长书画篆刻，还作为砚的收藏家而闻名。晚年右手患病，改用左手书画亦很有名。后世，也有的将其列入扬州杰出文人画家『扬州八怪』之一。

37 墨莲图　一幅

朱昂之　作
金笺墨画
119.4×45.5
清代 18～19 世纪
京都国立博物馆

在金笺纸上，以浓淡的水墨自如描绘的本图，根据朱昂之自题，是仿明代徐渭（青藤）之作。文人徐渭渡过波澜壮阔的一生，作为显示文人墨戏本质，其水墨画至今受到高度评价。作为自由的墨戏之作，朱昂之以寥数笔十分巧妙地描绘出了荷叶与荷花，除了莲之外，还画了芦苇，虽然苇莲和芦的组合也能使人联想起寓意「一路连科」（No.167）一样，别有寓意。朱昂之与恽寿平同为武进（江苏省常州）人士。据说他侨居苏州，常向恽寿平、王翚学习，作花卉竹石、山水画。

39 菡萏荷藕图

西太后 作
纸本墨画淡彩
165.0×84.1
清代 光绪九年（1883）
个人收藏

一幅荷花图寓意『并蒂同心』（夫妇和睦白头偕老）。即，莲藕有孔通气，通与同谐音，转为同心之义。可以说，这是充满夫妇和合与子孙繁荣之义的吉祥图。西太后（1835～1908），咸丰皇帝的妃子，同治皇帝的母亲。同治皇帝即位后，她成了慈禧皇太后（西太后），图上有西太后自题的『香远益清』。再有，所谓『菡萏』意思是荷花或者未开的莲蕾，也喻作美人。

本图为西太后挥毫所作莲花图，从一根莲藕，到荷叶、荷花、荷花萼，描绘了其生长姿态。莲、花和果实同在一处，出于荷与何谐音，把荷花、荷房、荷藕绘于一图，寓意『因何得藕』（天赐良缘）。另外，据说从一根荷藕生出的荷叶和孪生

38 绿荷图

张爰 作
纸本设色
127.7×54.8
中华民国34年（1945）
东京国立博物馆（林宗毅氏捐赠）

一幅这幅莲图题为绿荷图。绿荷一般认为是指绿色的荷叶，但是，绿荷衣一词常有仙人之衣一说，所以也可以认为绿荷意通神仙。张大千在大片淡绿色荷叶中，描绘了青白色的荷花，给人印象极深，具有一种新鲜感。是否这个莲谐音清廉而作青莲暂且不说，总之本图所体现出的色彩清澈明快，往往使人联想到荷的清廉特性。张爰（1899～1983）中国现代代表性画家，内江（四川省）人士，号大千。据说张大千多师法明朝遗民画家，如：朱耷（八大山人）、原济（石涛）、髡残（石溪）等。其山水画、花鸟画、人物画都极富个性。

鱼

鱼自古以来常用作花纹图案。鱼与余谐音，被认为具有吉祥之意。从新石器时代的彩陶开始，到商周时代、春秋战国时代都有表现鱼的铜器、陶器。然而可以说定型化了的鱼图案的出现是在汉代以后。特别是两尾鱼相并的双鱼纹，偶尔表现在东汉时代的铜器及陶器等的内底上，这些图案进而用在以后时代的陶瓷器等上，作为吉祥图案一直连续用到现代。鱼和水鸟一起所表示的图案在汉代也多见。

40 禽鱼纹铜熨斗 一个

长 29.8
后汉时代（1～2世纪）
大阪·和泉市久保惣纪念美术馆

所谓熨斗是指『火熨斗』，是古代的烙铁。虽然鱼和水鸟描绘在一起的图案在新石器时代已经出现，但是，在汉代，不光是陶器和铜器，用于墓地建筑等的画像石上也屡见不鲜。可以认为，其有某种独特的吉祥之义。

41 禽鱼纹铜盉
高20.8 口径43.2
东汉时代 永建元年（126）
奈良・天理大学附属天理参考馆

盉为盛液体的容器。内底有永建元年朱提造。铭纹两侧有鱼和水鸟图案。朱提是云南省地名，是多制造这种铜器的地方。这种造型的盉底部多有表示吉祥图案和吉祥字句、制造年份等。

42
灰陶加彩鱼纹盘
高 6.6 口径 28.1
西汉时代 公元前2～1世纪
奈良·大和文华馆

一个

在表面施以白色敷妆基础上，用彩色描绘有4条鱼纹。向左的鱼有三尾，向右的鱼有一尾。仔细观察会发现，鱼鳞的颜色有白色和黄色两种，各两尾。或许分别表示雄鱼和雌鱼。

43 白瓷印花莲池双鱼纹皿　一只

定窑
高6.2 径31.0 底径12.2
北宋～金代 12世纪
东京·出光美术馆

在莲池游泳的鱼象征着恋爱。在汉乐府民歌《江南》里歌道：「江南可采莲，莲叶何田田。鱼戏莲叶间。」该盘图案表现了在莲花盛开的池中，两尾鱼贴近游泳，所描绘的似乎正是寄托了这样一种男女相悦的寓意。

44
白釉铁绘鱼藻纹深钵 一口
磁州窑
高16.2
金代·12世纪
东京·出光美术馆

所描绘的鱼，从头部的特征来判断，可能是鲌鱼。磁州窑到了金代，使用铁颜料、靠笔彩来表现图案的铁绘技法十分盛行。舒畅的笔势准确地抓住了鱼充满活力的表情。

45
楼阁人物莲池水禽鱼藻螺钿盒子 一盒
元代 14世纪
直径 25.7 高 11.2
东京国立博物馆

盒盖表面是楼阁、山水和人物，其四周及高台周围是莲池水禽纹，而侧面则是鱼藻纹。致密精细的图案展现出高超技巧的同时，每朵花、每只鸟、每条鱼都捕捉得栩栩如生，令人瞩目。

46
青花莲池鱼藻纹罐 一口
景德镇窑
元代 14世纪
高 28.2
大阪市立东洋陶瓷美术馆

鱼藻纹常被描绘在元代青花瓷器上，属上乘佳品。特别是其笔势巧妙出类拔萃。鱼看上去个个表情丰富多彩充满喜悦，正是来自该图案所充满的吉祥之义。

47
五彩鱼藻纹罐 一口
景德镇窑 铭文「大明嘉靖年制」
高 34.0 口径 19.6 罐体径 40.5
明代 嘉靖年间（1522～1566）
兵库 白鹤美术馆

宽松膨胀的罐体上描绘出了在莲池中戏水的鱼。分散穿插自由镶嵌着鲜艳的色彩，与象征富饶的画题十分吻合，创作出了明快活泼舒展的健康画面。完美地展现了明代嘉靖年间（1522～1566）官窑的风格。

49 五彩莲鱼纹碗　1枚
磁州窑
高 6.7　口径 17.3　底径 5.3
金～元代 13世纪
东京国立博物馆（广田松繁氏捐赠）

荷花与一尾鱼相重描绘，莲与连、鱼与余谐音，意味着"连年有余"，属于吉祥图案。磁州窑是烧制民众日用器物产品的。图案以釉上彩，即在施釉后烧成的陶瓷器釉面上，用颜料描绘出纹样并经烧制而成的技法，俗称宋红花瓷。

48
红玻璃莲鱼纹荷叶形皿　　一枚
清代　18～19世纪
高 4.8　径 12.7
东京国立博物馆

荷叶形器皿表面有鱼纹，里有束莲纹，玻璃透明，鱼和莲五相重合，成为观赏装置。在汉语中，莲和连、鱼和余发音相同，莲和鱼组合，成为『连年有余』，即寓意每年都连续丰收。

50
青花双鱼纹大皿　　一枚
景德镇窑
高 8.8　径 53.5
明代　15世纪
奈良・大和文华馆

器皿中有一对鲢鱼。在中国，莲与连、鱼与余发音相同，鲢鱼图寓意『连年有余』，是吉祥图案。周围是由四季花朵组成的蔓藤花纹。为明初青花瓷器。

51
藻鱼图
传景初 作
纸本墨画淡彩
132.0 × 59.5
明代 14～15世纪
东京国立博物馆

一幅

藻鱼图和水墨画同时盛行，五代、北宋时期，画鱼的好手在画史上也纷纷地登场，游鱼图、戏鱼图或鱼蟹图等为题的作品出现。鱼在《诗经》〈鱼藻〉中被吟咏，自古以来在诗歌中寓意情人，另外，戏于荷叶间的鱼、莲用于吉庆的比喻，鱼比喻男子。盛行描绘藻鱼图的背景之一，正是因为鱼有这样一种寓意。此外，鱼与余同音，所以也是吉祥之物，意味着『有余』。本图是明初藻鱼图，描绘水族中各种鱼。除鱼之外，也画蟹。蟹是水族中的尤物，不光是称赞其美味，还意味着科举考试首席合格『一甲一名』使人联想到科举考试首席合格『甲』，可以说，（状元及第）或二甲傅胪（二甲首席）。作为本图笔者的景初是逸传画家。

050

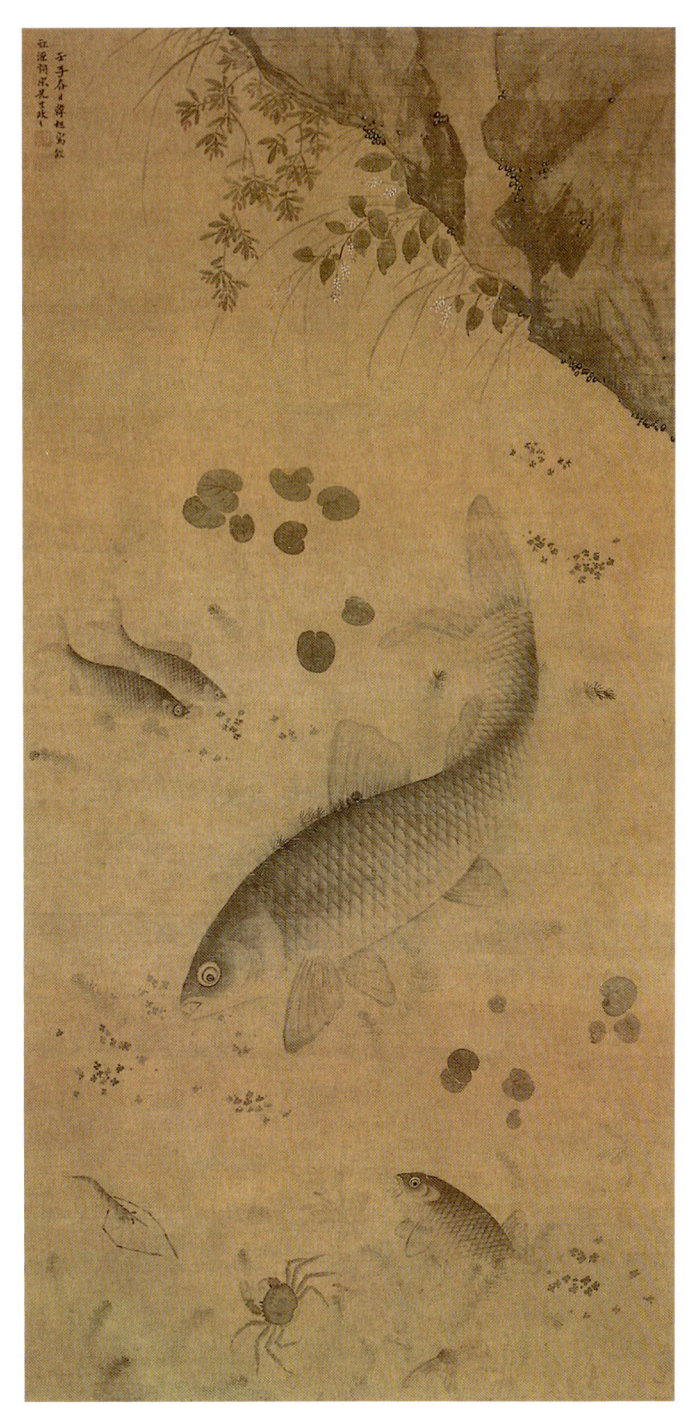

52
藻鱼图
韩旭 作
纸本墨画淡彩
134.5×64.8
明代 16～17世纪
东京·根津美术馆

一幅

和景初的作品几乎同趣，是藻鱼图，描绘水中各种鱼。除鱼外，还有使人联想科举考试合格的蟹，进而还描绘有虾。虾腰能自如弯曲，寄托着顺顺利利之义，后世有吉祥图画虾，题字『弯弯顺』（圆滑顺顺当运气佳的意思）本图有落款韩旭和书画年份『壬子春日』。据说，明代署名韩旭的画家在画史书上记载着两位，一位是浙江人，常画草虫图和仿林良的花鸟画。另一位是淮阳（河南）人，字荆山，常作花鸟画。本图笔者韩旭是否与上述画家同属一人不明，但是从画风的悬崖表现来看，似乎是明代后期画家，壬子年是嘉靖三十一年（1552）或万历四十年（1612）其中之一。

051 一·连年有余

二、除去不祥——古典的吉祥

在古代的中国，所采用的花纹图案有何用意很难推测。新石器时代彩陶上施以各种图案，能搞明白是什么意思的只是少数，要释义更加困难。接下来的商周时代，最显著的图案是表现在铜器上的饕餮纹。

商代及西周时代初期，大多数祭祖先和神灵的铜器上都有饕餮纹，毫无疑问饕餮纹对于当时的人们而言意义重大。可是，饕餮纹究竟表现的是什么，有何用意尚不十分明确。另外，到了春秋战国时代相互缠绕的龙和蛇为主题的图案相当多，这在当时人们又是以此期待着什么，赋予哪些意义，与残留下来的文代以后，我们看到后能明白表示的是什么意思的图案，一举占多数。献相对照，在某种程度上似乎能够推断出来。在一些图案当中，如有：羊、鱼、熊、神仙世界等图案，它们中又有辟邪和吉祥之义。此外，这一时期的吉祥纹中，也有些在中国持续使用到现代。不止是吉祥图案，自汉代起还有表现在器物等上的吉祥字句，可以认为，这一时期关于吉祥的想法发生了很大变化。

饕餮纹

商周时代最显著的纹饰是表现在铜器上的饕餮纹。从正面看，大眼、露齿怪兽面，也有时表现前肢等。直到商代及西周时代早期，祭祀祖先及神的铜器大多数都有饕餮纹。组合了各种动物特征而制作出来的纹饰，对于当时的人们来说意义极其重大。关于该图案表示什么意思，为何作为铜器纹饰要加上去，有种种说法。所谓饕餮是出现在历史文献上怪神名，但是这一纹饰在商代称之为饕餮的根据不足。

53 饕餮纹铜瓿　1个
高 60.7　口径 32.5
商代　公元前13～前11世纪
东京国立博物馆（坂本菊氏捐赠）

商代盛行制造祭祖先和众神的铜器。种类繁多，这是盛酒等液体的容器，叫做瓿，在瓿中也有大型的，制造也很精巧。正面图案装饰着大气饕餮纹，两侧点缀有称之为夔的小型神。

54 饕餮纹铜三牺尊　1个
高 65.6
商代　公元前13～前11世纪
东京国立博物馆（坂本菊氏捐赠）

这也是盛酒的容器，叫作尊。正面和圈足有大饕餮纹，三肩装饰有被称之为牺首的兽头。从器形和纹饰特征来看，不是在商王朝的中央地，而是在长江流域等制造出来的地方型式。

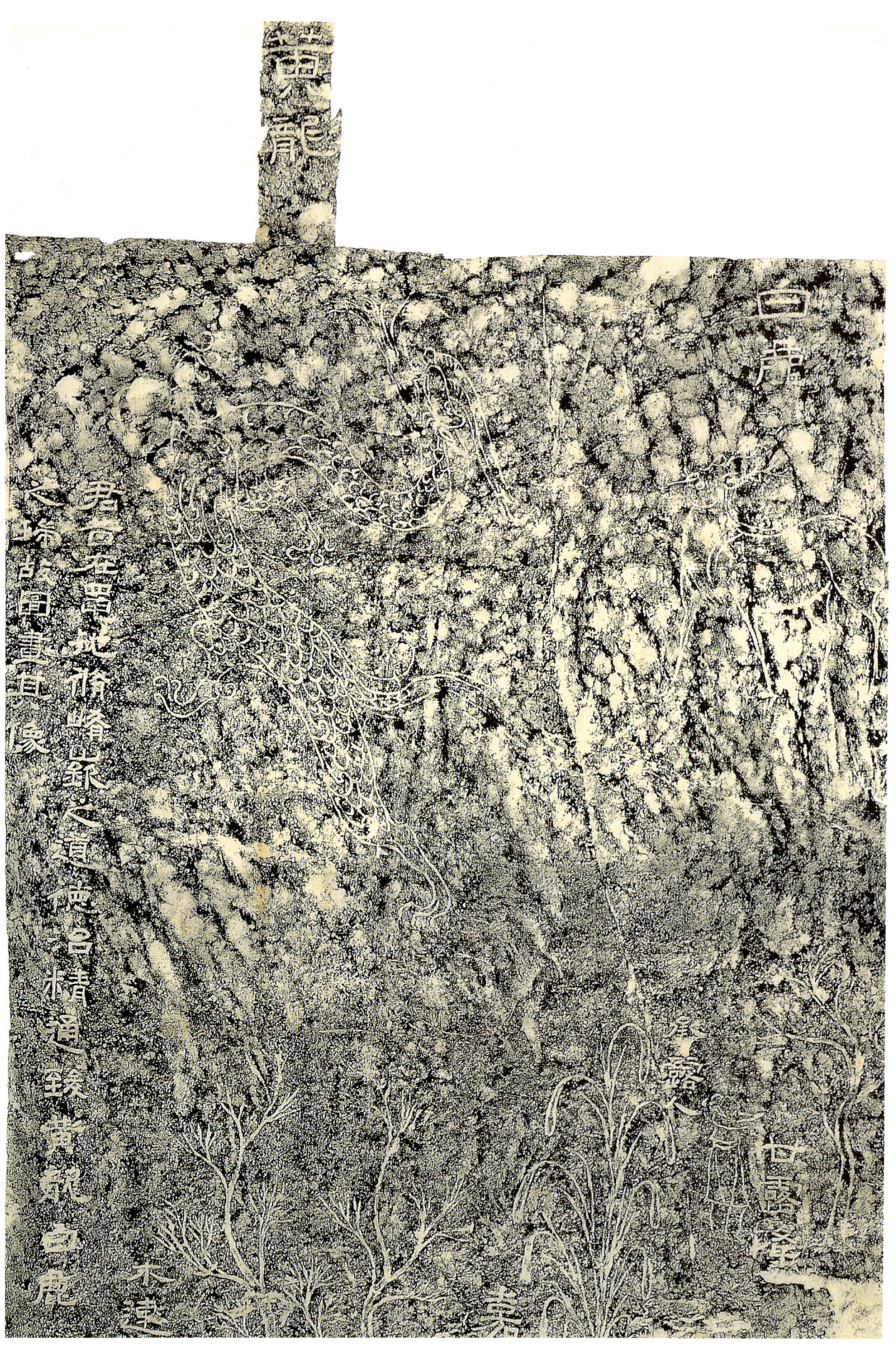

55
汉李翕黾池五瑞图

纸本墨拓
228.0×162.0
东汉时代 建宁四年（171）
东京国立博物馆

一幅

汉灵帝时，武都太守李翕修复了西狭（甘肃省成县）险峻的道路，为了颂扬他的功绩，在天井山麓鱼窍峡摩崖上，用隶书镌刻了西狭颂。当年，李翕在黾池（渑池）在任中修复崤嵚道路时，出现了『黄龙、白鹿、甘露、嘉禾、木连理』五个吉祥征兆，其图和题记一并镌刻在上，可见古代祥瑞概念之一斑。与此同时，据传当时已经有模样地描绘出具体形状。作为中国最古老的吉祥图十分珍贵。

56 摇钱树

总高 123
东汉时代 1～2世纪
东京国立博物馆

以四川省为中心，多次从东汉墓中出土叫作摇钱树的文物。在石制或陶制台座上，立着铜树林状的物体，树枝上有似乎是铸造时就连上去的好多「铜钱」。钱可能是意味着富贵。此外，还有透雕的西王母（住在昆仑山半兽半人女神）及凤凰、各路神仙和怪兽等图案。此例中既有跨坐在羊身上的人物出现在台座上，也有表现西王母等的台座。这些在整体上反映了当时的思想，也可以认为是表达了人们企求死者升天成仙的愿望。

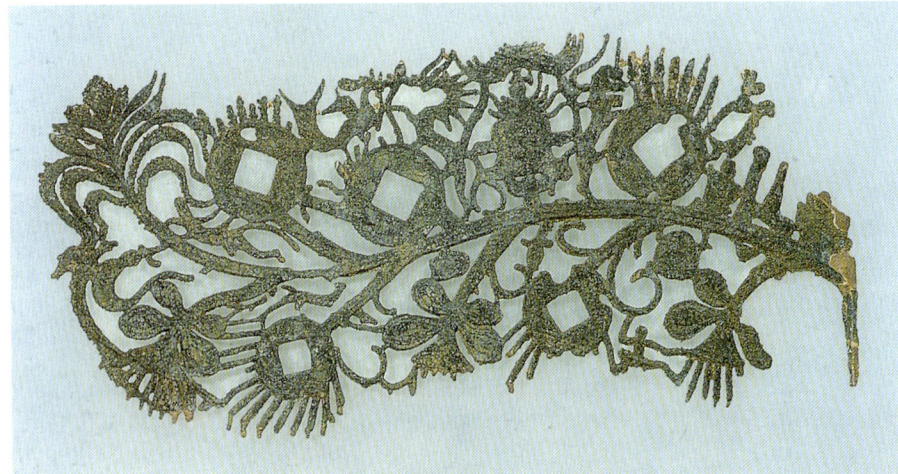

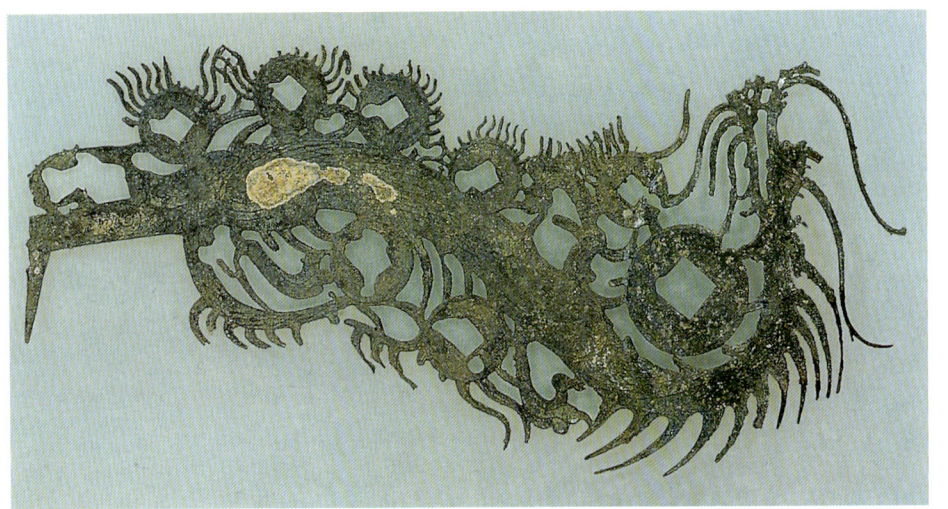

羊

羊在汉代的砖或画像石上时而出现，另外，也有时是作为花纹图案被加在器物上。特别是在后汉时代盂的内底，与吉祥词句等一起出现的实例很多。从字形来看，羊字通「祥」，具有吉祥之义。在镜子或器物的铭文等当中，有时用来代替「祥」。此外，羊字发音上与「阳」相同，从这个意思上讲又赋予了可喜可贺之义。在采用画像砖或画像石的墓穴中，往往墓门上采用浮雕等大羊头来表示。人们认为羊可以守护墓地，具有避讳不祥的功能。

57 羊首砖 一块
传河南省荥阳县附近出土
高 57.0 宽 33.0
西汉时期 公元前 1～1 世纪
东京国立博物馆

这是用于墓穴建筑的空心砖。砖上有大羊首。羊眼、鼻面、羊角间有钱的图案，大概是吉祥之义叠加。带羊首的砖或画像石多置放在墓门或墓室的入口处。可以认为是为了守护墓地。

58 羊纹铜盂 一块
高 15.8 口径 33.6
东汉时期 建安二年（197）
兵库・黑川古文化研究所

内底有突线表示的铭文「周氏」「建安二年八月制造」和羊形图案。这种盂东汉时期多有制造。内底与双鱼纹、鸟和鱼图案、羊图案等吉祥的花纹图案，常伴随有制造地名和制造年份等。

59 带羊刻纹铜盒

总高 22.2
西汉/东汉时期 公元前1～1世纪
京都・泉屋博古馆

1盒

盒盖上有三头羊。如图刻有菱形纹或鱼鳞纹等来装饰的铜器，在中国南方出土比较多，同样的花纹图案也常加在南方陶器上。形状相同带有羊图案的盒子也出现在陶器上。

60
方格铭兽镜
直径 15.9
东汉时代 中平六年（189）
东京 五岛美术馆

1面

铭文：『中平六年正月丙午日，吾作明竟（镜），幽湅三羊，自有己(纪)，除去不羊（祥）宜孙子，东王父西王母，仙人玉女大神道，长吏买竟（镜）位至三公，古（贾）人买竟（镜）百倍田家，大吉天日月』『吾作明竟（镜），幽湅三羊（商），天王日月，位至三公。』

译文：『中平六年正月丙午日，我造明镜。精炼三种金属，熔化而成，具有灵力（有此镜可保佑）免除不吉，繁荣子孙，东王父、西王母、仙人玉女、大神道。官人若买此镜，可出人头地官拜宰相一级，商人若买此镜，田地家产可增至百倍。大吉，天日月』『我造明镜。精炼三种金属。天王日月。出人头地，可官拜宰相一级』。

玉女，但没有与此对应的图像。

用浮雕表现４头兽。铭文在镜子的外围和兽之间的田字格内，表明靠这面镜子可以保佑消除不吉祥，得到地位和财富。铭文列举了东王父、西王母、仙人、

61 纵列神兽镜 一面

直径 13.1
东汉时代 建安十年（205）
东京 五岛美术馆

引人注目。

铭文：「吾作明竟（镜），幽炼宫商，周罗容象，五帝三皇，白（伯）牙单（弹）琴，黄帝除凶，朱鸟玄武，白虎青龙，君宜高官，子孙番（繁）昌，建安十年五月六日造大吉羊（祥）。」

译文：「我造明亮的镜子。精炼金属，表现出三皇五帝及（抚琴名人）伯牙弹琴的样子、黄帝祛除灾祸的样子、（守护东南西北四方的）朱雀、玄武、白虎、青龙等种种造型。建安十年五月六日造，（多亏这些绝佳的镜子）繁荣子孙后代，吉祥如意，升官发财。」

汉代青铜制镜的铭文上多有明快表示人们愿望的语句。这些青铜镜铭文末尾的「大吉羊」都是采用「羊」字代替「吉祥」的「祥」字。「羊」字的变形十分

62 铜鸱鸮卣 一个
高 25.4
商代 公元前 13～11 世纪
东京·出光美术馆

近年来，从挖掘殷墟妇好墓出土的大型鸱鸮尊开始，商代后期鸱鸮铜器时有所见。然而，西周时代以后的几乎没有先例。到了西汉时期，灰陶鸱鸮形容器再次出现。或许反映了人们对猫头鹰观念上的变化。

鸱鸮

所谓鸱鸮就是指猫头鹰及角鸮、枭类鸟。

据文献记载，通常视猫头鹰有恶或凶义。可能是由于猫头鹰类属夜行动物，在黑暗中耳聪目明，食肉，性格凶悍的缘故。然而，反过来说会产生这样一种观念，如能借得这一猛禽之力，便可以制恶辟邪。汉代将猫头鹰形的容器安放在墓中，亦把猫头鹰和其他祥瑞之兽一起描绘在灵柩上，还常常出现在墓砖、画像石上，由此可见人们认为猫头鹰在冥界可以保护死者。

63 灰陶加彩鸱鸮形容器
高18.5
西汉时代 公元前2～1世纪
奈良·大和文华馆
一个

鸱鸮形的陶制容器从西汉时期坟墓中屡屡出土。虽说猫头鹰类往往有恶和凶之意，但是从将其放入墓中这一点来考虑，大概有辟邪之意，似乎让其在冥界保护死者。

蝉

蝉形玉器自新石器时代就已闻名。另外，蝉形花纹图案在商代及西周早期也出现过。然而，蝉形玉器之所以多放入墓中，大概是因为和金蝉脱壳能使死者获得新生有联系吧。所谓「蝉化」即羽化，就是变成长出羽毛的昆虫。所谓「羽化登仙」是说长出羽毛后升天成为仙人。另外，据说蝉只喝露水，不吃谷物，这可以和清高联系在一起。在《后汉书》《晋书》等文献的记载当中，有蝉形装饰可以加在宫廷侍从官的帽子上的说法。

64 玉蝉
长 5.9　5.0
西汉～东汉时期　公元前 3～3 世纪
东京国立博物馆

2 个

65 玻璃蝉
长 5.4
西汉～东汉时期　公元前 3～3 世纪
东京国立博物馆

1 个

玉制蝉在汉代多为人知晓，但这是在下葬时含在死者口中的玉蝉。大概与金蝉脱壳能使死者获得新生有关联。此外，过去人们认为，玉具有可以使死者遗体免于腐朽变烂的功能。

 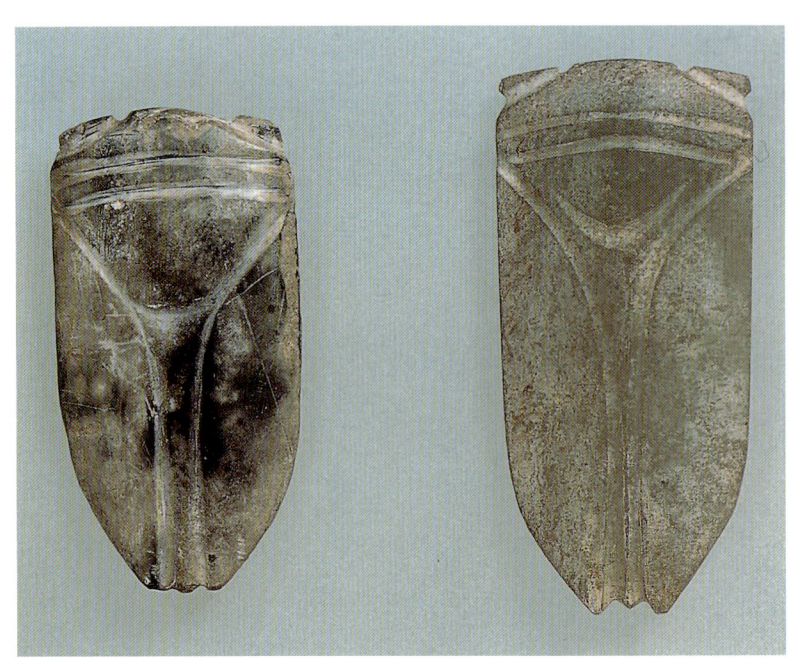

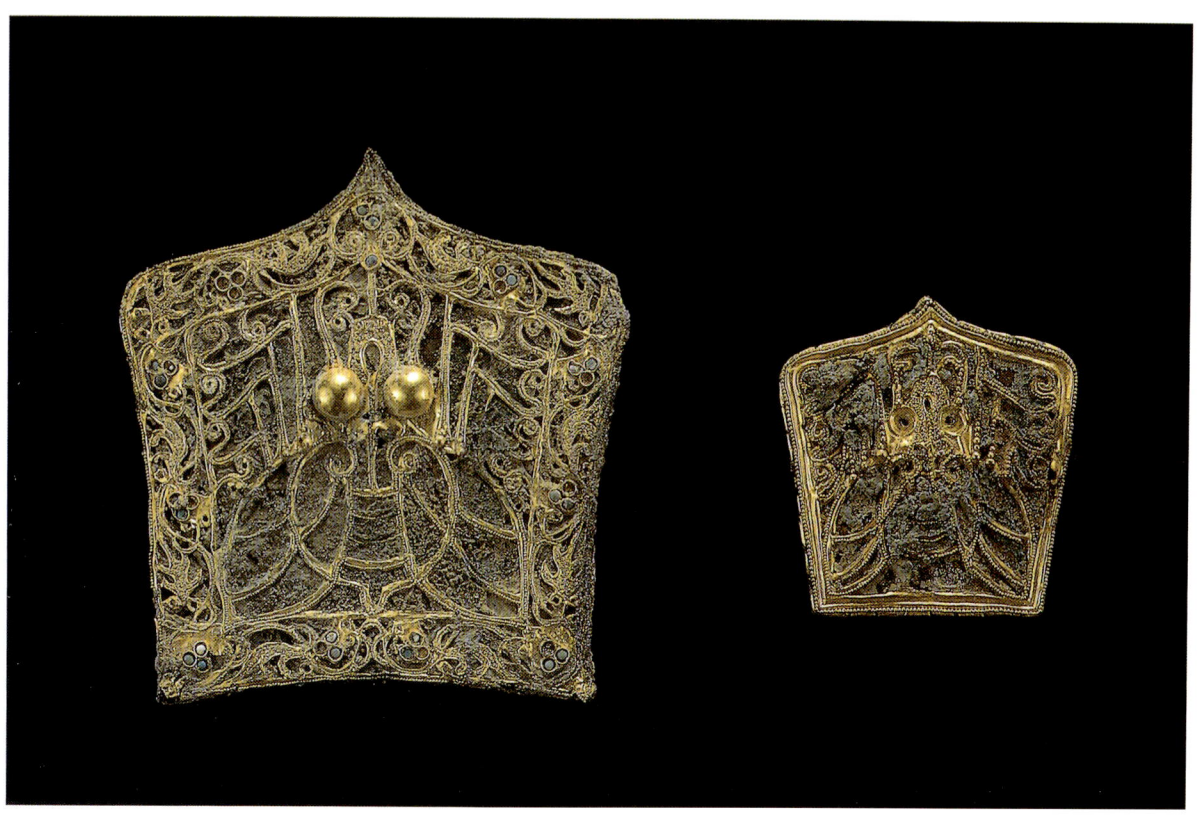

66 贴金蝉纹饰件 2个
7.5×7.2 4.4×4.3
南北朝时代 4～5世纪
奈良・大和文华馆

67 贴金蝉纹饰件 1个
长5.0×4.7
南北朝时代 4～5世纪
兵库・白鹤美术馆

这是把带有金细线和细粒等的金银丝装饰金板贴在青铜板上而制成的饰件。这样的蝉纹图案饰件，看上去是阎立本『帝王图卷』中所描绘的戴在帝王冠上的物件，另外，在敦煌晋墓和北燕冯素弗墓也有类似物出土。

熊

熊作为花纹图案出现在汉代很多器物上。作为纽扣等的图案使用，还有立姿作为器物的脚应用的也很多。《诗经》中阐述说，梦见熊是吉梦，预示着男孩将诞生。据说，因为熊生活在山中，所以属于阳性。另外，根据叙述周王朝官吏职务的《周礼》等记载，进行仪式之时，方相氏蒙熊皮驱逐疫鬼，举行葬礼之时，他作为行列先导，率先进入墓穴，驱逐邪魔。

68　羽状纹地四兽镜　一面
直径 16.5
战国时代 公元前 4～前 3 世纪
东京国立博物馆

熊在汉代以前的器物上很少出现，但是，战国时代的青铜镜上出现的、被认为是熊的兽器物却各处可见。极大的可能性都是在中国南部的楚国制造。可见爱好熊图案始于中国南部的文化。

69 石制熊　　　　　一个

高 6.5
西汉时期　公元前 2~1 世纪
兵库·黑川古文化研究所

汉代有各种各样动物造型的镇使用，从墓穴中屡屡出土。虽然铜制者居多，但是石制镇也很有名。镇作为压物之用，多为四个一套，一般用于压在铺垫物或六博（古代游戏）盘的四角。

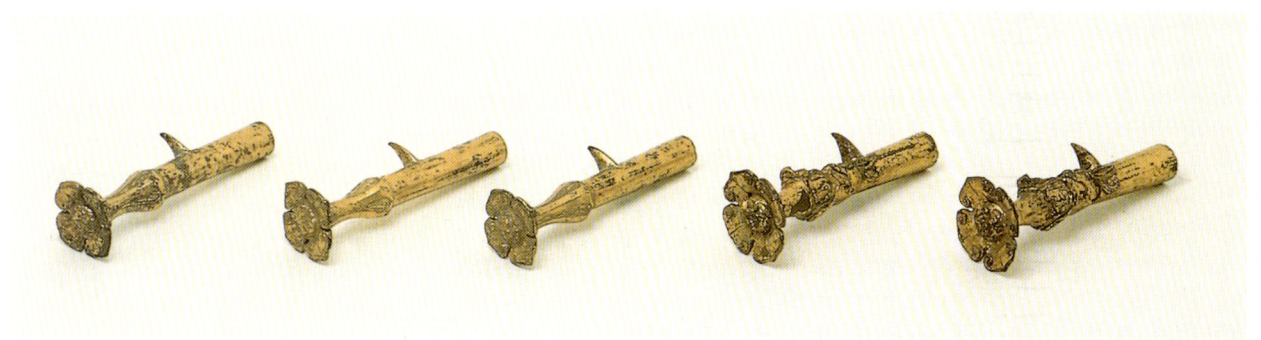

70 镀金盖弓帽　　　　　5 根

长 12.5~12.0
西汉时期　公元前 2~1 世纪
大阪·和泉市久保惣纪念美术馆（江口收藏）

古代中国马车多带有伞盖。所谓的盖弓帽，就是加在伞骨前端的金属件。熊头大，表现在中央，熊的肢爪置于周围，与在西汉武帝异母兄弟墓中出土的熊纹纽扣等一样。

71 镀金银温酒尊

高 21.7
西汉～东汉时期 公元前 1～1 世纪
东京・出光美术馆

一个

盖的正中央和三处立有凤凰，尊身两侧带有铺首（注：衔耳环兽头）。整体上是用刻线表示云纹，靠镀金和镀银分别涂出图案。把两手放于膝上，三只脚呈熊站立形态。据同类器物铭文可知，这种器物被称之为温酒樽（尊）。

070

72 镀金绿松石象嵌熊脚 1个
东汉时期 一世纪
东京·出光美术馆
高 6.7

73 镀金绿松石象嵌熊脚 1个
东汉时期 一世纪
大阪·和泉市久保惣纪念美术馆（第三次久保惣收藏）
高 6.9

施以镀金，绿松石镶嵌在重要部位。用纤细刻线表现出体毛等。可以认为是作为脚加在器物上，但是那到底是什么器物，不清楚。从上部形状来看，似乎不是温酒器的脚。

071　二·除去不祥

74 山岳鸟兽纹铜温酒尊 一个
高 22.8
西汉～东汉时期　公元前1～1世纪
东京国立博物馆

盖为多峰重叠博山炉盖形状，三支脚是熊形。山岳花纹图案中，由鸟、龙、野猪、虎及仙人来表示。大概是神仙世界吧。尊身图案几乎是靠錾子雕和刻表现出来的。这是汉代时而能见到的刻纹青铜器的一例。

75 绿釉五管瓶 一口
高 45.0
东汉时期 1～2世纪
东京国立博物馆

因为上部带有五个小壶形，故称之为五管瓶。东汉时期至三国时期，从长江下游流域墓穴中发现。瓶的肩部有三头熊在吃蛇一类东西。过去人们一直期待其可以保护墓地避开鬼邪。

072

76
青瓷神亭壶　1个
高 42.5　底径 13.9
三国（吴）～西晋时期　3世纪
东京国立博物馆

比五管瓶更富于装饰性，同样是在长江下游流域墓穴中发现的。在此例中，许多鸟落在楼阁上，还附加有人物等。似乎是专门为安放在墓穴中而制造的器物。虽然也能看到熊的姿态，但是，和五管瓶一样具有辟邪的含意。

神仙世界

在云霞缭绕的山岳中，配以许多瑞兽和仙人的图案，多用于汉代器物上。这种图案似乎是表示神仙世界，人们也一直认为它有吉祥之意。作为皇帝都希望长生不老，虽说秦始皇在这方面十分出名，然而在汉代这种愿望企求也颇为盛行。西汉武帝也不逊色于秦始皇，希望长生不老，众多方士道士探求成仙之路。仙人居住在深山老林，神仙思想和山岳信仰在这些图案中可以说结合在一起了。另外，在汉代人们非常重视『气』和云等，这一点在这些图案中也有所体现。

77 金银错禽兽云纹管配件 一个
长28.0
西汉时期 公元前2～1世纪
东京・永青文库

在采用镶嵌手法表示的金银云纹之间，同样也用镶嵌的办法表示出许多鸟和兽等。这大概依然也是表示神仙世界。在动物中有的是用反转手法的阴画形式来表示的。需要极高的镶嵌技法。

78 镀金银云纹钟　一个
高44.5　口径18.5
西汉～东汉时期　公元前1～1世纪
兵库・白鹤美术馆

这是一个大型钟，钟腹部上、下图案带互相夹杂着云纹和三条龙，这一图案采用刻线、镀金、镀银分涂表现。汉代铜制容器虽然有很多没有图案的简洁质朴之物，但是有时也可见到这样的豪华铜器。

79
鎏金彩鸟兽云纹铜盘 一个
直径 36.3
西汉～东汉时期 公元前1～1世纪
东京·永青文库

在云纹间,描绘了各种鸟、兽和仙人,似乎是表示了当时人们所向往的神仙世界。这种主题在汉代的漆器和铜镜等图案中也屡见不鲜。此盘用笔蘸金描绘在铜器上,其类似例子罕见。

80 镀银仙人
高 9.6
西汉时期 公元前 2～1 世纪
大阪市立美术馆 1 躯

这是一个大耳仙人。似乎两膝之间曾经还配有什么，膝的前端有销栓孔。虽然与此十分相似的后背有羽毛的仙人像，在洛阳、西安城等地都有出土，但是在洛阳出土的仙人，膝间抱有圆形或方形的筒。长耳仙人的姿态也有时出现在画像石等上。

81 铜博山炉
高 27.7 盘径 23.7
东汉时期 1～2 世纪
兵库・白鹤美术馆 1 个

博山炉是香炉的一种。据六朝时代的文献记载，虽然该炉闻名遐迩，但是早在汉代就已多见。该博山炉采取以仙人支撑器体的形式，盖子上有多支兽图出现在山岳花纹之间，炉的底座基部被有翅膀的瑞兽环绕着。看来这一切都与当时的神仙思想有关。

83 玉兔捣药纹砖 一块
传朝鲜乐浪出土
24.4×16.3 厚5.1
东汉时期 1～2世纪
东京国立博物馆（小仓收藏保存会捐赠）

兔子是西王母的随从，西王母是昆仑山半兽半人女神，兔子为王母娘娘捣长生不老药。这个捣仙药兔子的姿态伴随王母娘娘图案屡屡出现在砖、画像石或铜镜等上面，表示人们企求长生不老的愿望。

82 云纹勾滴筒瓦（巴字瓦、镫瓦）一个
直径14
西汉时期 公元前2～1世纪
东京国立博物馆

汉代以正交圆（两圆相交）在其交点处对这两个圆所作的切线成直角，分成四等份，其间配以似英文字母C和J形状的云纹图案的「勾滴筒瓦」曾广泛被民间采用。由于这些瓦用于房顶，所以，人们希望它能调和天地之气，给国家和人民带来幸福。

080

84
四神纹铜染炉　　　　一个
西汉时期，公元前2～1世纪
长23.5 高9.4
大阪·和泉市久保惣纪念美术馆（江口收藏）

所谓四神，在中国古代被认为是代表四方的动物，北方神玄武（蛇龟合体造型）、东方神青龙、南方神朱雀、西方神白虎。这一观念在汉代成立，作为一个表示小宇宙的图案，也频繁地用到镜子图案等上面。被认为是和五行思想有关。这样的染炉，耳杯安放在上面构成一套，闻名天下。其中，也有炉中间放入炭火的，具有铭文『染炉』字样的。虽然同类器物，加热或烘烤耳杯中之物样的，但是这里的『染』是调味品，即佐料的意思。

三、延年益寿——长生不老的愿望

长生不老的愿望给中国人的幸福观赋予了极大的特色。五经之一的《书经》(尚书)里记载,作为人生理想的幸福有『五福』,即『寿、富、康宁(健康)、攸好德(修德)、考终命(善终)』。意味着长寿的『寿』被放在五福之首。中国人的人生观和幸福观同现世难以分割,在现实生活中追求理想和幸福总是肯定现世,希求生命的长久和无限,为此,充满长生不老寓意的吉祥图案极多。

寿老人(老寿星)作为掌管寿命之神,受到人们的尊崇。西王母也是长生不老的象征。仙界图虽然在唐、宋时代工艺品图案中几乎看不到,但是,在元代以后却大量出现。八仙人为庆祝到西王母或寿老人处的会聚图,作为祝寿的吉祥图案广为应用。还有,传说王母娘娘的蟠桃三千年结一次果,食之可延年益寿,所以,桃子被人们当作长寿的象征。此外,传说松柏冬季不枯,表示不老,鹤鹿可保千年长寿,象征长生。作为具有长生功效的药材灵芝、菊,作为能返老还童灵丹妙药的枸杞图等也意味着长寿。由于『猫蝶』的发音与意味非常长寿的『耄耋』谐音,所以,描绘猫和蝶的图案也充满祝贺长寿的寓意。

85 寿星图

绢本墨画淡彩
109.6×52.8
元代 14世纪
东京国立博物馆

一幅

传说寿星作为南极星的化身,是掌管人的寿命的星星,也称之为南极老寿星。据说,若看到寿星,就天下太平。作为赐予延年长寿之星,民间广为祭祀供奉。本图是元代水墨作品,图中描绘寿星在文雅安静气氛中持手杖健步行走。明清时代,作为长寿不老的仙人,与世俗化的白发长头寿老不同,神奇地表现出寿星具有不可思议的神力,是元代道释人物画佳品之一。

86
寿老图
传吕纪 作
绢本设色
166.3×85.1
明代 16世纪
爱知·德川美术馆

一幅

本图是以梅竹鹤图和梧桐凤凰图为左右三幅对的中幅，以山中的松竹林为背景，描绘了乘白鹤的老寿星出现在云中的画面。地面上画了两童子和白鹿。白鹿仰望老寿星方向，一个童子提着的篮子里有采摘的灵芝。可以说，本图是典型的表示老寿星乘坐长生不老象征的白仙鹤姿态。白鹿、灵芝也都有显示不老长寿之意。传称笔者吕纪（字廷振，号乐愚）宁波人士。明代中期花鸟画大家，具有宫廷画院画家的经历。其画风有继承宋元时代以来传统，接近宁波佛画的特点，被认为是明代宁波职业画家作品。

87 青花釉里红寿老人图碟　一只
景德镇窑「养和堂制」铭
高 3.7　直径 17.4　底径 10.3
清代 18 世纪
东京国立博物馆（横河民辅氏捐赠）

这是一幅伴随有玄鹿的老寿星图。寿老人亦称寿星老人、南极老人，本来是星名。作为表示国运之神，祈祷福寿被祭祀供奉，后来成为掌管人类寿命之神受到尊崇，背面画有八仙过海图。

88
青瓷八仙过海纹八角瓶　一口
龙泉窑
高 19.8　口径 4.3　底径 7.0 × 6.7
元～明时代　14～15世纪
东京国立博物馆（广山松繁氏捐赠）

为了庆祝西王母生日，八位仙人凑齐共同渡海，奔赴昆仑山瑶池的八仙过海图。元代以后，仙人们祝寿图频繁出现。

89
瑶池集庆剔红（雕红漆）盒子 一盒
直径 32.5 高 9.6
元代 14世纪
东京国立博物馆

这是一幅仙人们走访王母娘娘处，庆祝生日图。王母娘娘是女仙的领袖，瑶池指其居所。瑶池集庆图在祝女性长寿时使用，是元代剔红代表性作品，有表现生动有力的特点。

90
八仙祝寿螺钿八角盒子 一盒
直径 32.5 高 9.6
元代 14世纪
东京国立博物馆

本图左下是王母娘娘乘鸾（凤凰的一种），上方是老寿星，右侧表现的是八位仙人为祝寿而参拜的姿态。似乎是为祝寿作为吉祥图而作。从人物到建筑物及衣服花纹图案，螺钿制作精巧细致，其表现令人吃惊。仙人及各种动物、植物都栩栩如生，画面祥瑞富于绘画情趣，是代表元代螺钿的杰作。刘海蟾加入八仙。后世八仙组合一般有若干差异。在盒盖表面的左侧，用螺钿铭有『刘绍绪作』字样。

91
青花八仙仰寿图瓶
景德镇窑
高 57.8　口径 6.5　底径 18.0
明代 16～17世纪
东京国立博物馆（横河民辅氏捐赠）

92
五彩八仙仰寿图葫芦形瓶
景德镇窑
高 52.3　口径 7.0　底径 17.8
明代 17世纪
东京国立博物馆（广田松繁氏捐赠）

一口

一口

这是八仙汇集到老寿星或王母娘娘处，仰视祝寿图。这个八仙仰寿图用于祝贺生日。No.91是明代后期在景德镇民窑烧制的青花瓷，口部膨胀，是所谓的蒜头形瓶，图案描绘了乘仙鹤飞来的老寿星和八仙。瓶底有墨书「言五口」。No.92葫芦形瓶下部是八仙，上部表现的是骑鹤老寿星和王母娘娘图。明代末景德镇民窑烧制的五彩瓷器，老寿星和王母娘娘的描绘方式有些奇形怪状。

93 八仙祝寿图

绢本设色
133.3 × 77.2
明代 15～16世纪
个人收藏

一幅

本图以山水为背景，描绘八仙集聚在一棵老松树下，基台旁有两只鹤和两只鹿，上方是旭日。八仙有各种各样的组合，本图描绘的是铁拐李拄着铁拐杖、何仙姑提着竹篮（荷叶）、吕洞宾背着宝剑、钟离权手持扇子、蓝采和拿着牡丹花篮、韩湘子吹着横笛、张果老手持鱼鼓、曹国舅持阴阳板。其中，吕洞宾等三人仰望上方，恐怕另外还有一幅描绘老寿星乘仙鹤飞来的图样。这幅吉祥图取名"八仙仰寿"，本身就是八仙仰祝老寿星。虽然本图无落款，笔者不明，但是人物表现相当精细，应该是明代中期作品。

94
虾蟆（蟾蜍）仙人图 一幅
赵麒 作
绢本设色
143.5 × 90.2
明代 16世纪
东京·根津美术馆

虽然关于虾蟆仙人有种种说法，但是在明代作为吉祥神最受欢迎的还是刘海蟾。刘海蟾是五代宋初的道士，本名刘操。据说他考中了辽的进士，做过官，但是，后来当了道士，改名玄英，号海蟾子。在金元时代盛行一时的新道教全真教，与钟离权、吕洞宾等一起被称为五祖，他是其中之一。

据说，刘海蟾的蟾是蟾蜍（虾蟆）之义，所以刘海蟾与虾蟆结合，也被叫作虾蟆仙人。本图是明代赵麒所画的虾蟆仙人图。根据本图中的『日进清光』印判断，赵麒应该是宫廷画院画家。这位虾蟆仙人右手抱着蟾蜍，左手持桃。后世，刘海蟾作为戏金蟾、撒钱仙人，受到喜爱和尊崇，成为吉祥神。他被描绘成腰缠福钱的样子。元代颜辉的虾蟆仙人图（收藏在日本知恩院）也很有名，他描绘的不是钱，而是手持仙桃的虾蟆仙人。据明代李日华《六研斋笔记》中记载，四仙图内的虾蟆仙人也是头顶戏金蟾，手持仙桃的样子。刘海蟾尽管年过百岁，但是面如童子，大概是因为他总是手持长生不老的仙桃吧。

95 东方朔图

顾见龙 作
绢本设色
56.3×28.3
明代 17世纪
个人收藏

东方朔是服侍汉武帝的，据说他偷吃了西王母三千年才开一次花结一次果的蟠桃，所以保持长寿。图中把东方朔描绘成肩扛蟠桃枝，满面笑容，衣服飘动而健步行走的白发老人。本图落款"钦假金门画史·顾见龙"。顾见龙（1606～1687）太仓（江苏省）人士，字云臣。康熙初年，供奉于宫廷，据说擅长故事人物画、肖像画，自己号称意味着宫廷画家的金门画史的上方，有古杭张烈关于东方朔的画赞。

96 豆彩暗八仙纹钵

景德镇窑
4口
高5.5～5.7 口径20.2～20.4 底径10.4～10.7
清代 18～19世纪
东京国立博物馆（横河民辅氏捐赠）

虽然要表现八仙，可偏偏没有描绘八仙的身姿，只是靠他们各自的持有物，象征性地表现出来，所以称该图为暗八仙。从上方顺时针旋转分别表示：花篮—蓝采和、阴阳板—曹国舅、葫芦—李铁拐、宝剑—吕洞宾、渔鼓—张果老、扇子—钟离权、荷花—何仙姑、横笛—韩湘子。这还是祝寿图，为清代乾隆年间（1736～1795）以后，嘉庆（1796～1820）、道光（1821～1850）三代官窑所烧制的，四口同样全都是采用豆彩技法，表现暗八仙图。

97
豆彩天仙寿芝图碟
景德镇窑「大清雍正年制」铭
直径 20.5
清代·雍正年间（1723~1735）
东京·户栗美术馆

一只合在一起就是天仙，即表示仙人。寿石、灵芝都意味着长寿，所以借用花卉图的美姿表示祝福长寿的吉祥画题。这是清代雍正年间（1723~1735）的官窑烧制的豆彩。依靠青花所勾画出的轮廓线有条不紊，用清澈的发色釉面颜料施以彩色，碟底采用青花楷书铭有「大清雍正年制」字样。

该碟描绘了南天、水仙、寿石及灵芝。南天在中国叫天竹，天竹的天和水仙的仙

98
五彩麻姑献寿图花盆
景德镇窑
高 29.9　宽 43.5
清代 17～18世纪
东京永青文库

一口

99
五彩麻姑献寿图碟
景德镇窑 「大清康熙年制」铭
高 4.8　直径 39.2　底径 31.1
清代 康熙年间（1662～1722）
东京国立博物馆（横河民辅氏捐赠）

一只

三月三日是王母娘娘的生日，该图描绘麻姑在绛珠河畔，以灵芝酿酒，献给王母娘娘的场面。酒壶以荷叶为盖。麻姑是传说中的女仙，关于该人传记诸说不一。晋葛洪《神仙传》写道：「是好女子，年十八九许。于顶中作髻，余发垂至腰。」这个麻姑献寿图用于祝贺女性生日。No.99碟底是青花，有楷书铭文「大清康熙年制」字样。No.98 虽然无铭文，似乎仍然是康熙官窑制品。其精美风格充分体现了康熙五彩的特色，为佳品。

097　三・延年益寿

100
仙桃剔红盆
铭文「大明嘉靖年制」
直径 19.1 高 3.2
明代 嘉靖年间（1522～1566）
东京国立博物馆

一只

这是带有三个果实的桃枝图。三个果实上分别有福、禄、寿字样，由此可见是吉祥仙果。盆底有填金铭「大明嘉靖年制」。有嘉靖年间（1522～1566）剔红风格，做工精巧，充满庆贺气氛。

101 万寿无极剔红漆器

高 33.1 长 35.7 宽 26.4
时代 嘉靖年间（1522～1566）
东京国立博物馆

一座

在象征着长生即长寿的仙果桃子的果实上，有「卍」字图样。吉祥标志「卍」通「万」，所以意味着祝寿吉祥话「万寿无疆」。寿石、灵芝也都寓意长寿。底部有「大明嘉靖年制」填金铭。

桃

传说王母娘娘的居所瑶池的蟠桃三千年开一次花，三千年结一次果，食之寿命延长。另外，《汉武帝内传》等还记载有，王母娘娘将桃献给汉武帝的逸闻。根据这些传说，桃子俗称「仙桃」或「寿桃」，人们视其为长寿之果。中国在庆祝生日的宴席上，常摆有桃子或「寿桃」（仿照桃子形状的馒头）的习惯。桃子除了广泛用作祝福长寿的吉祥图案之外，还常常组合在一起来表示。

102 青瓷桃纹棱花盘 一只

龙泉窑
高 7.3 直径 61.7
明代 15 世纪
东京·静嘉堂文库美术馆

这是明代早期在龙泉窑烧制的青瓷盘。结有果实的桃枝在盘子中央雕刻出一个很大的图案，其周围配有莲、牡丹、山茶花等十六种花卉和瑞果。是所谓天龙寺青瓷的典型作品，青瓷釉呈平静安稳之感的绿色。

103
青花黄彩桃纹盘 一只
景德镇窑 有「大清乾隆年制」铭文
高 5.3 直径 27.1 底径 17.4
清代·乾隆年间（1736～1795）
东京国立博物馆（横河民辅氏捐赠）

该图画有九个象征长寿的仙果——桃子。自古以来，九为『阳』数，特别是在清朝宫廷里作为吉祥数字受到欢迎。为此，表示吉祥的主题图案往往都是九个一组出现。盘底篆字铭有『大清乾隆年制』字样。

104 青花双鹤纹棱花盘

景德镇窑
明代 16世纪
高 4.7　直径 26.7　底径 14.2
东京国立博物馆（横河民辅氏捐赠）

一只

鹤是长寿的仙禽，成双成对的仙鹤图，充满着「白头偕老」，即夫妇共同到老的愿望。松、竹、灵芝也象征着长寿。盘边口处有「金玉满堂长命富贵」的吉祥词句，这是明代中期景德镇民窑的青花瓷器。

鹤与鹿

鹤与鹿在祝福长寿的吉祥图案中频频出现。正如《淮南子》中所写「鹤寿千岁」，鹤作为长寿仙禽，闻名遐迩。在中国，鹿也是具有代表性的长寿动物，《抱朴子》记载：「鹿寿千岁，满五百岁则其色白」。鹿常常伴仙人而行，和其是长寿的仙兽关系密切。成双成对描绘鹤或鹿的图案表示「白头偕老」，即夫妇和睦，长年累月共同到老这样一种愿望。

105 五彩鹤鹿纹钵
景德镇窑「大明嘉靖年制」铭
高 12.4 口径 29.9 底径 12.0
明代 16世纪
东京国立博物馆（广田松繁氏捐赠）

一口 在钵外侧置红色圆纹，其中，成对的鹿和鹤交替出现，内底描绘象征着长生不老松抽象成的「寿」字，显然是寓意长寿的图案花纹。16世纪景德镇民窑烧制的所谓「金襕手」（红彩描金）。

103 三·延年益寿

106 白釉划花双鹿纹枕
磁州窑
高 8.9 径 21.0×15.8
北宋时代 11世纪
东京国立博物馆（饭田太一氏捐赠）

一个

鹿在中国作为长寿的仙兽，雌雄成对的鹿图可以理解为『偕老』，即蕴含有夫妇共同经历漫长岁月考验的寓意。这是烧制民众日用器物的磁州窑，在北宋时代烧制的陶枕。花纹图案采用了刮除的技法。

107 白瓷镶嵌鹿纹枕
高 13.7 径 23.9×20.2
北宋时代 11世纪
东京·静嘉堂文库美术馆

一个

与长寿的鹿一起，还有长生不老的仙药——灵芝，从图案可以看出这是一个饱含长寿愿望的枕头。在雕有花纹图案的地方充填了含铁粉的土，采取的是镶嵌的技法。这是北宋早期华北地区烧制。

108 白瓷金彩云鹤纹碗　一口

定窑
传朝鲜出土
高5.6　口径17.6　底径3.9
北宋时代　11～12世纪
东京国立博物馆（井上恒一・富美子氏捐赠）

这是定窑生产，采用金箔施以花纹图案碗，是所谓『金花定碗』的代表性作品。虽然金箔大部分已经剥落，但是仔细查看其痕迹，可知是表现雌雄两对鹤在流云间飞翔的云鹤纹。表现了飞在前方的鹤回头眺望后方的姿态。

109 云鹤存星盒子　1个
「大明嘉靖年制」铭文
直径25.8　高11.0　底径19.4
明代　嘉靖年间（1522～1566）
个人收藏

鹤在仿「寿」字云气周围翩翩起舞，外围有桃。独具匠心构思了寓意长寿的吉祥图案。花纹图案轮廓线采用金色，充满了与祝寿相称的喜庆气氛。盒底填金铭有「大明嘉靖年制」字样。

111 鹤鹿堆黑盆　1个
26.3　横42.1　高3.9
清代　18～19世纪
东京国立博物馆（神谷传兵卫氏捐赠）

长寿动物鹿和鹤各一对，旁边仍然配有象征长生不老的松树、灵芝，花纹图案寓意夫妇长寿。是清代制造的堆黑，花纹、地红纹黑技巧充分发挥了色彩效果。

110 青花瓷釉里红鹿鹤纹盒子 一个

景德镇窑
明代 16～17世纪
总高 10.5 长径 29.0 短径 21.5
东京国立博物馆

这是一幅吉祥图，『鹿和六』、『鹤和合』谐音，鹿鹤图被称之为六合同春。『六合』者天地和东南西北四方，意味着天下皆春，万物欣欣向荣。这是明代后期景德镇民窑瓷器，彩绘采用青花与釉里红技法并用。

112 鹤鹿同春图屏风

沈铨 作
各 143.6 × 279.4
清代 乾隆四年（1739）
个人收藏

6扇1对

这是六扇一对的屏风，其中，右扇屏风描绘了山中溪岸柏树下10头鹿，左扇屏风描绘了面临大海波涛断崖岩上的松树和九只仙鹤。左扇屏风还画有桃树、蔷薇（长春花）、菊花、灵芝等。这些事物都寓意长寿，其组合又分别意味着吉祥图。例如：柏与鹿成为『百龄食禄』（达官与富贵）、松与鹤成为『松鹤遐龄』『松鹤同春』『鹤寿松龄』、鹤与桃树成为『鹤献蟠桃』、蔷薇与松树构成『不老长春』、菊花与松树构成『松菊犹存』『松菊延年』，还有两扇合并，成为『鹤鹿同春』或『松柏同春』，都是寓意夫妇长生不老。另外，松、桃、鹤、鹿合在一起又成了『仙壶集庆』。沈铨（1683～1760 雍正九年（享保十六年、1731）到达日本，为日本人所知。清代早期吉祥图的重要画家之一。

113
青花松树图大盘
景德镇窑
高 8.7 径 62.6 底径 49.4
明代 15世纪
东京·出光美术馆
一只

松树作为长生不老的象征，冬天常青不枯。众所周知该图盘子还有几个特点，如景德镇珠山出土品，两棵树干合生在一处，表示连理。花纹图案表示夫妻永远恩爱。这是明代早期景德镇窑青花瓷器。

114
花鸟堆黑轮花盆
直径 31.2 高 3.7
元代 14 世纪
东京国立博物馆
一只

图案表示的是成对的绶带鸟（三光鸟一类）和牡丹。绶与寿发音相同，所以也有时借字写成寿带鸟，作为寓意长寿之鸟深受人们欢迎。这是元代制作，采用堆黑，表现了生动的写生风格。

115
青花绶带鸟图棱花盘
景德镇窑
高 9.9 直径 51.0
明代 15世纪
大阪市立东洋陶瓷美术馆

一只

盘子中间是绶带鸟啄食枇杷果图案。因为绶与寿同音，所以绶带鸟寓意长寿。枇杷喻作满树皆金，作为象征富贵的祥瑞之果。充分采用余白的构图、端正的运笔，充分展现了明初青花瓷器的特色。

116
青花长春图
景德镇窑
明代 17世纪
高 6.7 直径 35.4 底径 20.8 一只
东京国立博物馆（横河民辅氏捐赠）

这里描绘了盛开在寿石周围的庚申蔷薇图。庚申蔷薇是原产中国开单瓣花的蔷薇，由于一年四季开花的特性，深受欢迎，还有长春花、月季花等异名。作为长春或象征四季的花，常用来作为吉祥图案。

115 三·延年益寿

117 五彩白头鸟图盘
景德镇窑
高 4.1　径 24.7　底径 15.5
清代　17～18世纪
东京国立博物馆（横河民辅氏捐赠）

1只

白头鸟又名白头翁，异名栗耳短脚鹎或灰棕鸟。由于头部羽毛是白色的，所以容易联想到白发，作为象征长寿之鸟，人们喜欢用来表现吉祥。清代早期五彩瓷器的典型作品，描线尖细，画面氛围紧凑。

118 长春白头螺钿盒子
径 38.7　高 10.0
明代　15世纪
东京国立博物馆

1个

采用螺钿技法，表现了蔷薇（长春花）、寿石，还有成对的白头鸟。这几样都象征长生不老，充满祝福夫妻长寿寓意。明代中期用螺钿表示此风格的作品稀少。写生风格巧妙地表现了空间。

117　三・延年益寿

119
鹌鹑图
传李安忠 作
绢本设色
南宋时代 13世纪
24.2 × 27.6
东京·根津美术馆

一幅

李安忠北宋末年徽宗时奉职在宣和画院，后复职南宋的绍兴画院，作为宫廷画家，擅长画花鸟走兽画。在日本，他作为专门绘画鹌鹑的画家而美名盛传。本图是自古流传下来的李安忠写实宋画中的著名作品。在日本，还有一幅鹌鹑图（个人收藏）作为对幅为人们所鉴赏。本图作为鹌鹑的背景画的是菊。由于鹌鹑的『鹑』与『安』同音，『菊』与『居』谐音，所以表示『安居』之义。另外，据说枸杞的果实具有壮阳作用，常作为返老还童的灵丹妙药，寓意『延年益寿』。也就是说，描绘有枸杞、菊的一对鹌鹑图寓意『安居延年益寿』之义。本品是东山御物（足利将军家历代收藏的中国画）。

120
◎蜀葵游猫图 一幅
传毛益 作
绢本设色
25.3 × 25.8
南宋时代 13世纪
奈良·大和文华馆

毛益是南宋早期宫廷画院画家，昆山人，毛松之子。据说，乾道年间他成为画院的待诏，擅长花鸟画和小景画。本图是否是毛益之作，虽然不是十分明确，但和对幅萱草游狗图（No.146）同为表现南宋宫廷院体花鸟风格的宋画佳品。本图描绘了贪玩戏耍的猫爸爸猫妈妈和四只小猫仔、飞舞的蝴蝶、寿石、萱草、蜀葵（立葵）等。猫与耄谐音，蝴蝶的蝶与耋谐音。《礼记》道：『七十为耄，八十为耋』，所以和寿石一起，猫和蝶就寓意长寿了。另外，萱草象征男子诞生，可以说，本图自然就有了作为吉祥图的内容。

四、富贵荣华——富贵花卉牡丹

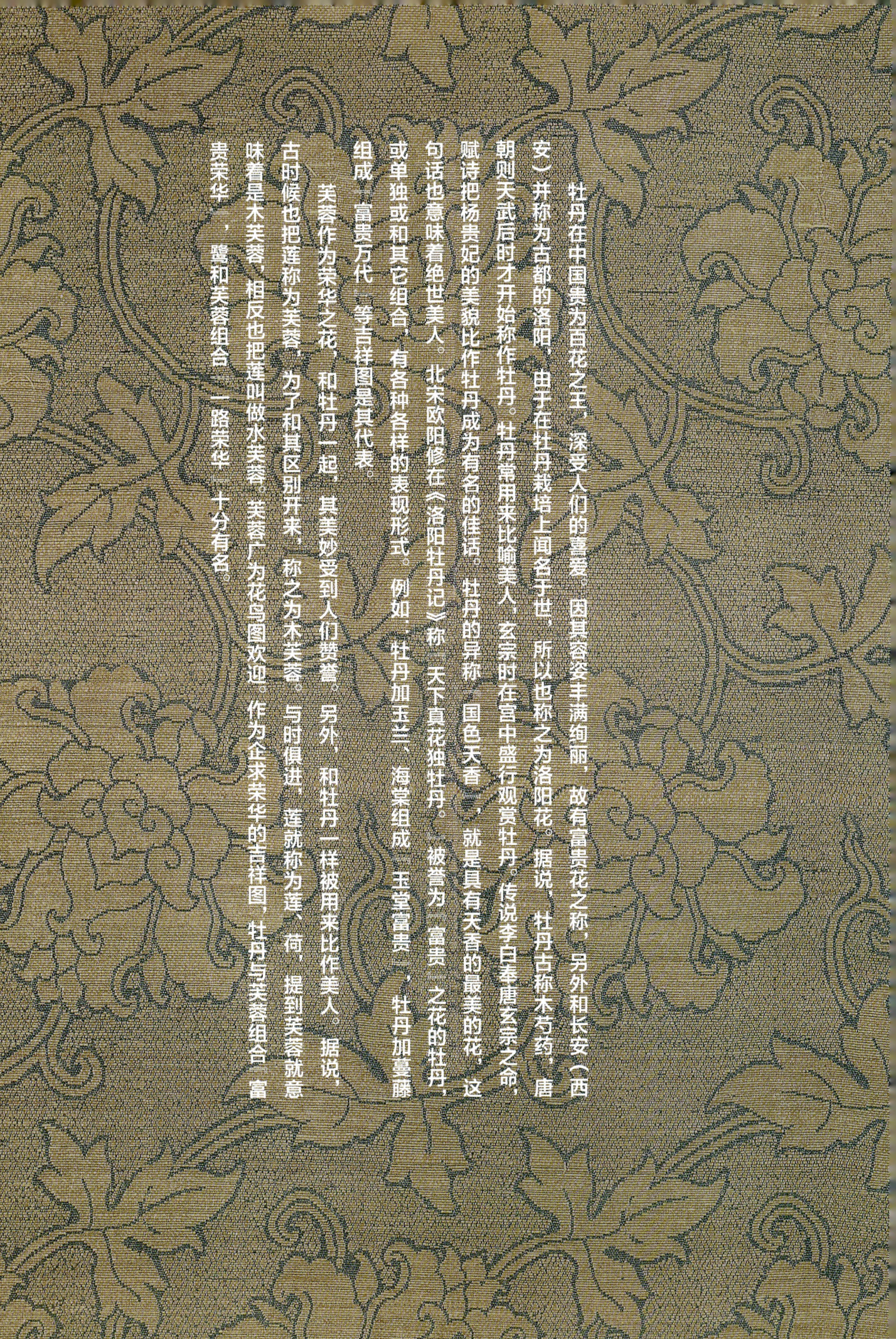

牡丹在中国贵为百花之王，深受人们的喜爱，因其容姿丰满绚丽，故有富贵花之称，另外和长安（西安）并称为古都的洛阳。由于在牡丹栽培上闻名于世，所以也称之为洛阳花。据说，牡丹古称木芍药，唐朝则天武后时才开始称作牡丹。牡丹常用来比喻美人，玄宗时在宫中盛行观赏牡丹。传说李白奉唐玄宗之命，赋诗把杨贵妃的美貌比作牡丹成为有名的佳话。牡丹的异称"国色天香"，就是具有天香的最美的花，这句话也意味着绝世美人。北宋欧阳修在《洛阳牡丹记》称"天下真花独牡丹"，被誉为"富贵"之花的牡丹，或单独或和其它组合，有各种各样的表现形式。例如，牡丹加玉兰、海棠组成"玉堂富贵"，牡丹加蔓藤组成"富贵万代"等吉祥图是其代表。

芙蓉作为荣华之花，和牡丹一起，其美妙受到人们赞誉。另外，和牡丹一样被用来比作美人。据说，古时候也把莲称为芙蓉，为了和其区别开来，称之为木芙蓉。与时俱进，莲就称为莲、荷，提到芙蓉就意味着是木芙蓉，相反也把莲叫做水芙蓉。芙蓉厂为花鸟图次迎。作为企求荣华的吉祥图，牡丹与芙蓉组合"富贵荣华"，鹭和芙蓉组合"一路荣华"十分有名。

121
白釉划花牡丹纹盘
磁州窑
高 6.0　径 26.8　底径 20.3
北宋时代 11世纪
个人收藏

一只

牡丹花的栽培和观赏在唐代已经盛行，但是大量出现在工艺品的花纹图案中是在宋代。不分「折枝纹」还是「唐草纹（蔓藤纹）」表现，代替宝相花（纹）按照实实在在的花进行花纹图案表达，这表示只是处于初级阶段。

122
白釉刻花牡丹唐草纹水壶　一口
磁州窑
高 17.8
北宋时代 10世纪
兵库・白鹤美术馆

采用在灰色胎土上施以厚厚的白妆，然后削落化妆土的刮除手法，出现大幅度的牡丹唐草纹。浮雕风格有力深雕的图案表达，绷力强悍的壶身，弯曲的壶把手，都显示了北宋早期磁州窑典型的风格。

123
柿釉金银彩牡丹纹碗　　一口　定窑
传陕西省榆林出土
高 4.2　口径 13.0　底径 3.8
北宋时代 11～12世纪
东京国立博物馆（井上恒一・富美子氏捐赠）

用金箔施以图案的所谓金花定碗中，是金彩最容易保存下来的作品。在深褐色釉面上，有两朵牡丹花折枝纹，碗口部有带状银彩。这是定窑最盛时期北宋时代后期烧制的精品。

124
白釉黑花牡丹纹枕　　一个
磁州窑
长径 20.0
北宋时代 12世纪
东京・静嘉堂文库美术馆

本品采用白地黑花刮除手法（先在灰色胎土施以白妆，然后上面涂抹铁颜料，最后只刮落铁颜料），白地上露出一朵黑牡丹。由于花纹图案表现明晰，给人以创意独具匠心的印象。陶制枕作为实用品广泛为人们采用。

125 黑釉褐彩牡丹纹大瓶　一口
高 43.4　口径 7.4　底径 17.3
金～元代 13～14世纪
东京国立博物馆（广田松繁氏捐赠）

这是一个舒展大方、富于量感、威严庄重丰满的大瓶。大胆运笔描绘出来的牡丹纹，是在漆黑釉地上，着茶褐色而制成的，充满感染力。这是在华北地区一带民窑自宋金至元代烧制的，作为代表所谓河南天目的佳品，享有盛名。

126
青花牡丹蔓藤纹壶
景德镇窑
高 27.2 口径 21.4 底径 19.4 一口
元代 14 世纪
东京国立博物馆

本壶描绘了象征富贵之花——牡丹蔓藤纹。蔓藤纹不仅在视觉上表现了连续性，而且含有仙鹤之义的"蔓带"与"万代"谐音。大气的牡丹蔓藤纹是元代青花瓷器上特有的花纹图案，充满了有力的律动感。

127 蓝釉白花牡丹纹大盘
景德镇窑 「大明宣德年制」铭文
明代 宣德年间（1426～1435）
大阪市立东洋陶瓷美术馆
直径 38.7
1只

作为富贵象征的大号牡丹居于盘子中央，周围配有桃、荔枝、石榴等六种祥瑞水果。本盘采用蓝地留白花纹的崭新配色，加上细部用线雕的表现。盘口附近用青花铭有『大明宣德年制』一行字。

128 粉彩牡丹纹大瓶
景德镇窑 「大清雍正年制」铭文
清代 雍正年间（1723～1735）
东京国立博物馆（横河民辅氏捐赠）
高 51.1 口径 12.0 底径 16.2
1口

本瓶驱使粉彩技法，以精彩技法描绘了大朵牡丹。粉彩是清代康熙年间（1662～1722）末，应用西洋无线七宝（类似景泰蓝）技法，新开发出来的彩绘方法。色数飞跃性增加，充分利用浓淡晕色的层次，使细密的花纹图案表达成为可能。

129 浅蓝色地牡丹蔓藤纹金地金襕 一块

明代 16世纪
纵 39.5 横 55.7
东京国立博物馆

唐草的"蔓"谐音"万"，同时，蔓是"纽"，即"带"，所以"蔓带"与"万代"同音，寓意"富贵万代"的牡丹蔓藤纹用于染织花纹图案的极多。特别是这个金襕称为"金地"，地的部分也织成金丝细菱纹，加工成更加华丽的金襕。

130 牡丹凤凰狮子麒麟纹刺绣饰布 一块

清代 17～18世纪
兵库・黑川古文化研究所

以灿烂绚丽的牡丹花为中心，面对面的凤凰，占据四角周围是牡丹、灵芝加上各种花草，其间有鸡、绶带鸟、麒麟、虎、鹿、象、狗等鸟兽。牡丹凤凰本来成为"绣球"的图案，也是起因于传说。世俗认为，雌雄狮子相戏时，其绒毛缠绕成球，传说不久会有勇猛的男孩出生，所以深受人们喜爱。刺绣技术本身并非有什么技巧，依靠填补地的金丝刺绣形成厚重之作。

131 红白芙蓉图 2幅
李迪 作
绢本设色
各25.2×25.5
南宋时代 庆元三年（1197）
东京国立博物馆

芙蓉被誉为荣华之花，和富贵之花牡丹同样受到人们的喜爱。这是因为芙蓉与荣华的荣同音的缘故。这两幅红白芙蓉，首先开白花，随着时间推移，像喝醉了一样，带有红色，不久又变成深红色，所以人们认为是醉芙蓉。李迪是南宋早朝花鸟画名手，是闻名的宫廷画家。本图是南宋院体花鸟画的代表性作品。可以说，李迪巧妙地表现了芙蓉一天当中随着时间微妙变化的两个不同的瞬间。这两幅画内在也表现了宋画的重要主题「时」。各幅有「庆元丁巳岁李迪画」的落款。福冈孝弟旧藏品。

132 牡丹图

传钱选 作
绢本设色 2幅
各 151.3 × 61.0
元代 14世纪
京都·高桐院

牡丹被称为百花之王、富贵之花，在中国的花卉之中，作为寓意美而又富贵的花卉，是画得最多的一种。这两幅设色牡丹图是日本现存的中国牡丹图中的大作佳品。属于元代作品。本图中鲜艳美丽精细地描绘了白牡丹中开有淡红、深红、紫红大花的牡丹，和花木下几只麻雀戏耍的样子。传称笔者钱选字舜举，宋末元初的文人画家。本图虽和钱选的画风有些出入，但是可以说该作品汲取了宋代院体画风（翰林书画院画家们创作的绘画风格）流派。

133
玉堂富贵图
蓝涛 作
绢本设色
170.3×75.7
清代 康熙十八年（1679）
个人收藏
一幅

「玉堂富贵」代表了有关牡丹的吉祥图。图中描绘了富贵之花牡丹、象征玉堂（翰林院的雅名）的玉兰花（日本称木莲）和海棠。玉兰花的「玉」，加上海棠花的「棠」，就成了「玉堂」。玉堂富贵自古以来就为宫廷画家所描绘，至今其画例仍有不少。本图为清初活跃在钱塘（杭州）的蓝涛的作品。蓝涛为明末大家蓝瑛之孙，和弟弟蓝深一起继承家学，擅长山水花卉。该作品为己未即康熙十八年作。从寿石背后露出白、红、紫牡丹，上方用鲜丽色彩描绘出了玉兰花。

134 富贵一品图 2幅
真然 作
绢本设色
137.0×43.8
清代 19世纪
个人收藏

岩石上立着一只鹤，周围富贵花牡丹盛开。鹤作为长寿的瑞鸟受到人们的喜爱。在中国具有一品鸟雅名的一品是指官吏的最高位用语。本图由画家自己本身题字『富贵一品』，是意味着富贵荣华的吉祥图。真然(1816～1884)清末人士。字连溪，号野航、黄山樵子。兴化（江苏省）人，寄居扬州，擅长山水、花鸟、道释画，据说真然是其僧名。从本图所显但60岁以后，专画兰竹。足以窥视真然卓越的构图及鹤的表达，的画才。

135 富贵图
张孟皋 作
纸本设色
89.0 × 45.3
清代 咸丰八年（1858）
个人收藏

一幅

表示富贵的牡丹花盆栽旁放置有佛手。佛手的「佛」和「福」发音类似，作为寓意多福的果实，受到人们欢迎。和牡丹一起，成为企盼『富贵多福』的吉祥图。花盆上施以回纹，作为意味着『不断长久』的吉祥花纹图案，常常出现在器物上。作者张孟皋，天津人，据蒋宝龄的《墨林今话》等著作记载，名广学，字孟皋，常以字称之。据说他是个曾经做过道光年间（1821～1850）钱塘江官吏的文人，能做画，特别擅长折枝花绘。传世佳品特别少，本图是张孟皋稀有作品。尽管图上自识仿效以落墨画闻名的南唐徐熙的笔意，但从中也可看到有新意的中国近代清新画风。当今，作为画家张孟皋的名字还不怎么知名。张孟皋是清末大画家吴昌硕私淑画家之一。

136
宜富当贵图
赵之谦 作
纸本设色
147.5×57.3
清代 19世纪
东京国立博物馆（高岛菊次郎氏捐赠）

一幅是花卉图，作为上海画坛（海上画派）的中心人物，活跃非凡。本图与题为『延寿万岁』（仙桃）、『九百余龄』（柏树和灵芝）、『傅公延年』（菊和寿石）构成四幅对，有『宜富当贵』之题。和寿石一起描绘的牡丹花，可以说彻底地表示了富贵之花的富，显示了赵之谦的圆熟。

赵之谦（1829～1884）绍兴（浙江省）人。字㧑叔，号悲盦（庵）等，作为精通金石学的大家，篆刻书画都很擅长，是清末有代表性的文人。画学徐渭、郑燮，最拿手的

五、瓜瓞绵绵——子孙繁荣的愿望

在过去的中国，人们特别关心多子多孙世代昌盛，祖先的香火延续不断，多子尽管没有列入『五福』之中，但是象征三个幸福的『三多』当中，与多福、多寿一起，多男子位列其中。因此，『多男子』语在《庄子》（天地篇）『华封三祝』，即出自华州的封人（守封疆之人）对上古贤者唐尧的三个美好祝愿『请祝圣人寿…圣人富…圣人多男子。』

寓意多子多福、早生贵子、子孙万代的吉祥图案丰富多彩。前面已经出现的『莲』虽然也有各种各样吉祥之意，但象征子孙繁荣的例子还有很多。莲的发音同连，意味着莲的果实『莲子』与孩子不断出生的『连子』相通，还有，莲花开放的同时，果实也就随之诞生，寓意早生孩子。描绘多子的『百子图』是多子愿望的直接表现。能结很多子的石榴自古以来也作为多子的比喻。荔枝和栗子与『立子』谐音，还有，据说女性把萱草戴在身上可赐男儿，寓意孩子诞生。能结很多子的瓜也是象征世代连续和多子的有代表性的吉祥物。

瓜瓞绵绵——瓜图

瓜属于蔓生植物，由于瓜藤伸长，不断结出很多果实，所以在中国作为子子孙孙繁荣的象征，受到人们的欢迎。在五经之一的《诗经》中，有「绵绵瓜瓞」（瓞指小瓜）字句，引用为祝颂子孙昌盛绵延不绝。「瓜瓞绵绵」或用压缩的「瓜绵」，都是子孙万代昌盛兴旺发达的比喻。因此，在绵延很长的藤蔓上结很多果实的瓜图，作为寓意子孙繁荣的吉祥图广泛为人们采用。另外，在中国蝶的发音与瓞相同，所以瓜和蝶组合表示瓜瓞绵绵。

137 青花瓜草纹棱花盘　一只

景德镇窑
直径 39.0
元代 14 世纪
静冈・MOA（Museum of Art、创立者：冈田茂吉）美术馆

除了结大果实的瓜之外，还有充满圆形画面的芭蕉、寿石、竹等。在景德镇烧制青花瓷器始于元代，由尖锐有力的描（轮廓）线，空间浓密得可以说达到恐怖程度的独特花纹图案构成，充分显示了元青花瓷器的样式特征。

138
青花瓜纹大盘
景德镇窑
高 7.6　直径 39.9　底径 26.0
明代 15世纪
东京　出光美术馆
一只

从地面立起一枝瓜藤，一个个结出大瓜。这幅图作为自然景物表现有些牵强附会，可以理解为表示瓜瓞绵绵的吉祥之义。该盘属于明初青花瓷器，和元代青花相比，构思创意上大有长进。

145　五・瓜瓞绵绵

139 青花瓜纹碗

景德镇窑 "大明成化年制" 铭文
明代 成化年间（1465～1487）
口径 15.5
大阪市立东洋陶瓷美术馆

一口

在碗的外侧三方描绘有瓜纹，瓜蔓端绘成藤蔓纹，巧妙地暗示绵绵连续状。明代官窑烧制，完美无缺达到极致，是成化年间（1465～1487）青花瓷器。在欧洲以宫殿碗的名义受到珍藏。

葡萄图

据说葡萄是汉武帝时从西亚传来的。葡萄是蔓生植物，并且结果实特别多，所以，无疑可以认为是非常适合永续与富饶的形象，作为象征子孙繁荣昌盛的吉祥图，早已经定格下来。在葡萄图中，常有蟋蟀、松鼠出现。虽然这些东西和吉祥间有何关联不详，但是，希望子子孙孙无穷无尽，也期盼祖先留下来的香火永远延续不断，和生命有限成表里关系。维系短暂脆弱的生命，在存活着的小虫子及小动物身上或许曾发现生命的永续性。

140 青花凤凰葡萄草虫图八角瓶 一口
景德镇窑
高 45.0 口径 5.7 底径 14.3
元代 14世纪
东京松冈美术馆

瓶体四方设窗，描绘了葡萄和蟋蟀、凤凰和菊花、凤凰和牵牛花、豆和螳螂。描绘虫草的图案，其位置与凤凰同等重要，所以不是单纯的写生。作为图案，应该可以理解。由类似青花的浓密的花纹图案构成。

147　五·瓜瓞绵绵

141
青花葡萄纹棱花盘
景德镇窑
高 8.4 直径 45.0
明代 15世纪
东京松冈美术馆

一只

这是明初由景德镇窑烧制的青花大瓷盘。把盘口边缘制成12瓣的棱花形状。盘中央是一大串葡萄显得十分均衡，周围配以各种花卉纹图案。藤蔓一圈一圈打卷儿表现出动态连续状。

142
葡萄松鼠螺钿盒
纵 9.9 横 19.5 高 12.8
明代 16世纪
东京国立博物馆

一盒

以螺钿技法所表达的葡萄串挤满盒身四面及顶盖表面。有一处是从地面冒出藤蔓来，由此可见整体是一棵葡萄树。在藤蔓根部附近，有一只松鼠。

143 葡萄剔红盏台

「大明宣德年制」铭文
明代·宣德年间（1426～1435）
径 20.8 高 4.0
东京国立博物馆

1只　成串的葡萄从一棵藤蔓上挂满枝头，果实累累。立体地表现了其中三串葡萄。该盏台具有托盘功能，创意洒脱构图精巧。葡萄串和葡萄叶的配置具有律动感，花纹图案结构十分协调。盏底有「大明宣德年制」铭文。

144
豆彩瓠蝠纹盘　　　　　　　　1只
景德镇窑「大清雍正年制」铭文
高 5.6　直径 27.3　底径 17.4
清代 雍正年间（1723～1735）
东京国立博物馆（横河民辅氏捐赠）

中国人象征最为理想的"五福"，由5只蝙蝠，加上藤蔓繁茂结有5个果实的葫芦来表示。这是清代雍正年间（1723～1735）官窑烧制的豆彩。在完美无缺的技巧支撑下，画面洋溢着浓厚的情感。

子孙万代——葫芦图

葫芦从其实用价值来看，同中国人的生活有着密切的关系，葫芦的果实成熟阴干后，可以做成舀水的勺子或盛酒的容器。除此之外，嫩葫芦可以用来煮食。葫芦的藤蔓常常爬满架子，能结很多果实。每个葫芦里面都有很多种子，所以作为子孙长久和多子象征，十分受人喜爱。进而，「蔓」同「万」发音相同，所以蔓上结有很多果实的葫芦图，作为表示子孙万代的吉祥图广为人们采用。

145
粉彩瓢蝠纹瓢形瓶
景德镇窑 "大清乾隆年制"铭文
高33.6 口径2.0 底径7.3
清代 乾隆年间（1736～1795）
东京国立博物馆（横河民辅氏捐赠）

该作品由象征幸福的蝙蝠（蝠同福发音相同）和寓意子孙万代繁荣昌盛的葫芦组成。其器物外形也仿照葫芦形状，颇有庆贺气氛。花纹图案轮廓描金，运用浓厚的色彩，品味上乘，构思创意高雅。

146
◎萱草游狗图
传毛益 作
绢本设色
25.3×25.7
南宋时代 13世纪
奈良·大和文华馆

一幅

本图以寿石和萱草为背景，描绘了大狗和小狗游戏的情景。一只小狗和蝼蛄面面相觑。萱草又名忘忧草或宜男草，据说，妇女带上这种花，就会忘却忧愁。萱草图具有『宜子孙』，萱草配上寿石具有『宜男益寿』，都是吉祥图案。本图和蜀葵游猫图（No.120）成为对幅，一直为人们所鉴赏。在中国，本来与此一起还应该有册页，用船运抵日本后被改装成条幅。

147 竹虫图 一幅
传 赵昌 作
绢本设色
100.0 × 54.5
南宋时代 13世纪
东京国立博物馆

本作品是闻名的『赵昌曲竹』。本图以曲竹为中心，采用纤细笔触和鲜丽的赋彩写实性地描绘了地瓜、鸡冠花、蝴蝶、蜻蜓、金钟儿（金铃子——蟋蟀科昆虫）、纺织娘（蟋蟀科昆虫）等草虫。草虫图上出现的草花和昆虫有各种寓意，例如：扬名于世的吉祥图『官上加官』和蝈蝈配合，成为意味着出人头地的寓意子孙繁荣长久，本图也描绘有瓜和瓞（小瓜）。此外，鸡冠花为鸡冠花有飞黄腾达的寓意，所以才意识到。传称笔者赵昌是北宋早期画院画家，据称他擅长画花鸟，特别是描绘花木折枝的折枝花名手。自称『写生赵昌』。赵昌的传称暂且不论，本图为现存草虫图的最佳品。图上有据说是足利义教之印『杂华宝印』，在日本，作为『东山御物』（日本足利将军家历代收藏的中国物品）十分珍贵。浅野家旧藏品。

148 ◎草虫图

绢本设色
150.5 × 79.2
元~明代 14~15世纪
东京国立博物馆

2幅。

本图是对幅大画面草虫图贵重作品。一幅图中央画的是黄蜀葵、鸡冠花、凤仙葵、萱草、菊花，周围依然是画有各种各样的蝴蝶、蜻蜓。从上边垂下来的葡萄串荣昌盛。宜子孙寓意男孩诞生，菊寓意延年益寿，蝗虫也意味着子孙繁荣。鸡冠花花姿类似鸡冠，冠与官音通，螳螂与当郎谐音，据说前边这边左右画有地瓜、鸭跖草，地面上有见，这些草花和昆虫隐含着种种寓意。像这些都寓意着出息发迹出人头地。

周围描绘的是飞舞的蝴蝶、蜻蜓样的蝴蝶、蜻蜓，上方有卷曲在竹子上的豆科和藤蔓上缠绕着蜥蜴，下方前这边左右植物，还有螽斯（蟋蟀、蝈蝈）。下方画有车前草等杂草及茄子、螳螂。可以想花的花株，蝗虫、蜗牛的身影。另外一幅图中央画有蜀豆、地瓜、葡萄一类使藤蔓成带状延伸的植物和蜓、蝗虫等。

葡萄垂架

150
◎瓜虫图
吕敬甫 作
纸本设色
34.2 × 84.2
明代 15世纪
东京・根津美术馆

一幅

本图以向左右连续延伸的瓜和螽（小瓜）为中心，画有螳螂、蝗虫、蝴蝶、蜻蜓、牛虻。瓜与螽寓意多子和子孙繁荣，构成「瓜螽绵绵」的吉祥图。蝶与瓜螽的螽谐音，所以瓜与蝶成为「瓜螽绵绵」。蝗虫自《诗经》螽斯（螽斯即蝗虫）寓意子孙繁荣。吕敬甫是明毗陵（江苏省常州）人。据说效法僧居宁，擅长草虫画。明代毗陵草虫图代表性画家。图上盖有「毗陵」和「吕氏敬甫」两印，图上所题诗句，来自秦东陵侯邵平的故事，秦灭亡后，他成为普通平民，在汉的长安青门外种瓜。

149 葡萄垂架图

传任仁发 作
纸本墨画
50.3 × 47.8
元代 14世纪
东京国立博物馆

一幅

从上方奋力拉下来的藤蔓和垂下的葡萄上有虻在嬉戏，叶子上停着两只蝈蝈。一只蝈蝈从吃成洞孔的叶子那边露出头来。葡萄亦称作蒲桃、草龙桃，成串嘟噜状垂下来的果实可以得到美酒，故被许多诗歌吟咏。葡萄和瓜一样，藤蔓延伸，结果实数量众多成串，寓意子孙繁多子长久。虽然《诗经》〈螽斯〉中有以蝗为题祝福子孙繁荣的诗句，但似乎也有朱子把螽斯称为蝈蝈一说，按此说法，本图蝈蝈和葡萄一起，就寓意子孙繁荣了。不过，也有可能本图或许本来是长幅花卉草虫图卷的一部分，单靠本图难以解开谜底。本图作为水墨草虫图，属于极优级作品。曼殊院旧藏品。出自江南草虫画名手之作。

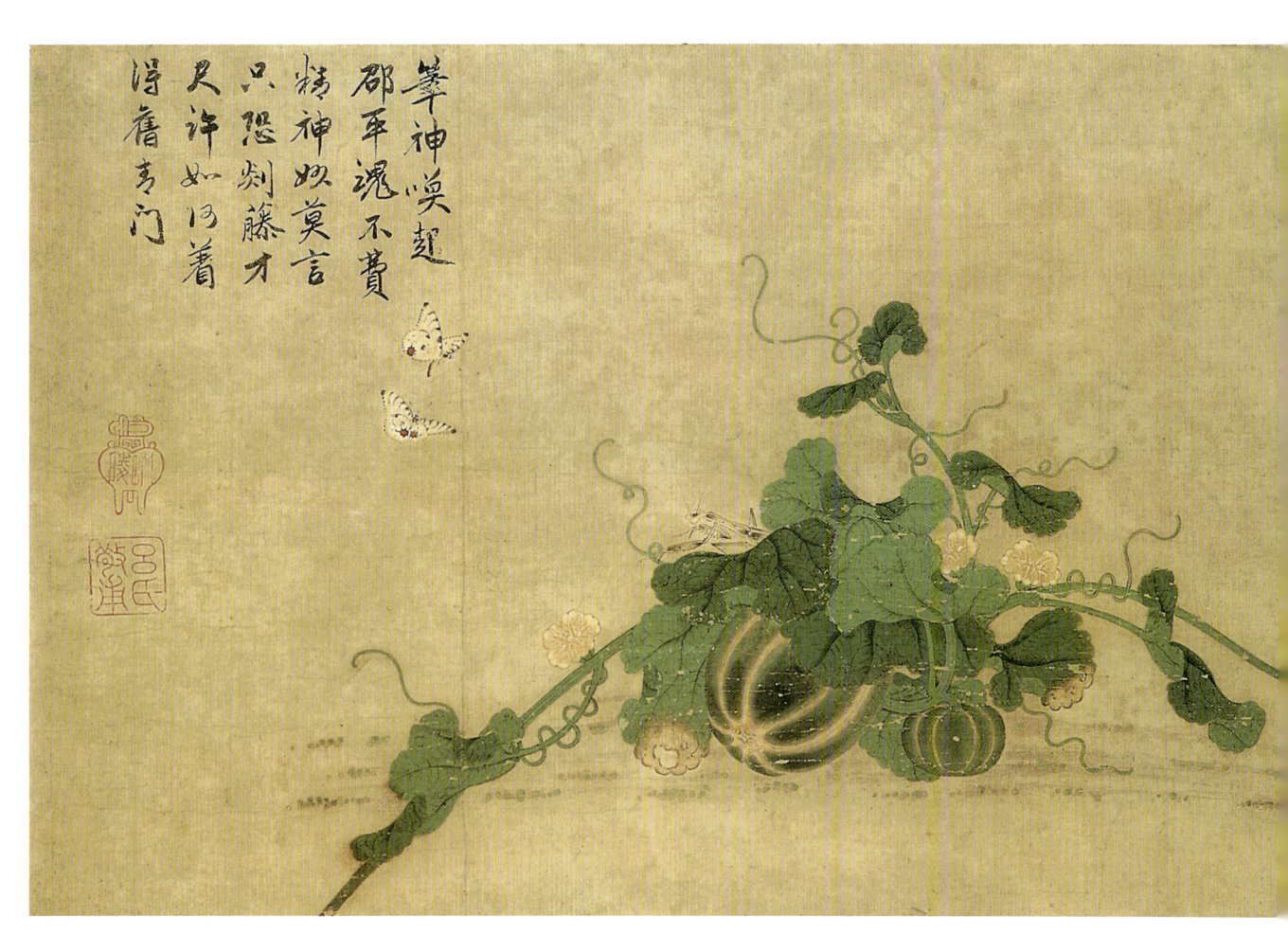

159　五・瓜瓞绵绵

151
白瓷印花石榴藤蔓纹钵　1口
定窑
北宋～金代 12世纪
高6.1 口径20.3 底径4.3
大阪市立东洋陶瓷美术馆

采用印模的模压技法，表现石榴藤蔓纹。模压是在银器上移植的创意。在瑞士鲍威尔收藏馆里有个定窑白瓷碗，采用的是雕纹表现石榴藤蔓纹。由此可见石榴纹在宋、金时代十分受欢迎。

榴开百子——石榴图

传说石榴是西汉以前从西亚传入中国的。因果实多子，故作为多子象征。据《北史》记载，北齐延宗举行婚礼宴时，妃母献上两个石榴，祝愿子孙繁荣。因此可知，早在南北朝时代就已赋予石榴祝愿多子之义。石榴图称『榴开百子』，作为寓意子孙繁荣的图案常为人们所用。另外，和表示吉祥之义的其他果实组合，构成复合的吉祥图案也广为人们采用。

153
素三彩瑞果纹盘　1只
景德镇窑「大清康熙年制」铭文
清代 康熙年间（1662～1722）
高4.5 直径25.0 底径16.6
东京国立博物馆（横河民辅氏捐赠）

该盘描绘了意味多子的石榴和发音与吉相通的桔。康熙年间（1662～1722）官窑烧制的素三彩。所谓的素三彩是在白瓷素地上直接低火分开涂上色釉米表示花纹图案的技法，其特色是描线柔和，色调有深度。

152
青花瑞果纹壶
景德镇窑
明代 15世纪
高25.6 口径18.2 底径20.3
东京国立博物馆
一口

除了意味着多子的石榴之外，还画有表示长寿的桃子、寓意子孙繁荣的葡萄、象征富有的枇杷等六种祥瑞水果。这是明代早期的青花瓷器。充分发挥了余白的作用，巧妙地区分使用蓝色颜料的浓淡，使花纹图案构成极其和谐均衡。

154 吹青石榴尊　一口
景德镇窑「大清雍正年制」铭文
高 18.4
清代 雍正年间（1723～1735）
个人收藏

由于该瓶依照石榴外形，所以称这种形式的瓶子为石榴尊。这是雍正年间（1723～1735）官窑新创的器形。蓝色斑纹是采用把蓝釉喷到素地上去的手法。瓶底用青花铭有『大清雍正年制』的字样。

156 青花荔枝纹扁壶
明代 16世纪
东京国立博物馆
直径18.1 高2.9
一只

155 荔枝剔红托盘
景德镇窑
明代 15世纪
大阪市立东洋陶瓷美术馆
高25.0
一口

荔枝是产于中国南部的果树。其果实甘甜芳香，杨贵妃喜欢吃荔枝很闻名。据说荔枝不易受虫害侵扰，历经四百余年的老树依然结果，被作为长寿树。还有荔枝的发音与立子相近，所以充满盼望孩子早日诞生的愿望，而常用作吉祥图。No.155是明代早期青花瓷器扁壶，荔枝图与悠闲自得圆圆鼓起的器形十分配协调，充满风韵。No.156是明代剔红雕漆，在荔枝果实上采用各种各样花纹图案，富于变化，这一点让人饶有兴趣。

163 五·瓜瓞绵绵

164

157 五彩龙涛纹长方盒子 1个
景德镇窑 "大明万历年制"铭文
总高 11.6 长径 31.5 短径 22.0
明代，万历年间（1573～1620）
东京国立博物馆（广田松繁氏捐赠）

明代后期，万历年间（1573～1620）官窑烧制的所谓万历红花瓷盒子。盖表各面均有皇室象征的五爪龙，通常人眼睛接触不到的盖里绘有萱草。萱草被称之为忘忧花，有忘忧草的别名。另外，人们相信，女性把萱草带在身上，会天赐男孩。萱草作为一种魔草护身符可用于各种图案。据说这种盒子是用来放印泥的。大概是为妇女用制造的吧。

158 五彩百子图壶 1口
景德镇窑
高 26.6 口径 16.9 底径 21.4
明代 16 世纪
东京国立博物馆

这是明代景德镇民窑烧制的五彩瓷器，在当年的中国，感觉多子即天赐很多男孩是非常幸福的。百子玩耍的"百子图"是多子愿望的最直接表现。

165 五·瓜瓞绵绵

159 红底花蔓藤幼儿纹样绢绣断片　一块

长 105.0　宽 59.0
明代 14～15 世纪
东京国立博物馆

把幼儿表现在染织图案上最古老的标准范例，有北宋时代的"牡丹童子荔枝纹绫"（湖南省博物馆收藏），据说该图象征富贵和出人头地。明代以后加上灵芝和其他草花，表现变得绚丽多彩。这幅刺绣是"绢绣"，即在织孔稀疏的绢地上，地和纹都靠刺绣线绣出来。

160 合欢多子图　一幅

陈洪绶款
绢本设色
156.3 × 102.0
明代 16～17 世纪
东京国立博物馆

本图描绘了在夏季池畔的杨柳树下，把胳膊搭在栏杆上的贵妇人和侍女，露台周围 25 个童子在摆弄玩具与荷花。面前这边有 3 个童子想要折取水盆里的莲花，露台上也有 3 个童子想要采摘池中的荷花。"莲"即"荷"，"荷"与"和"同音，所以采莲的童子图，荷花的荷转为"和"与童子的"子"，意味着"子孙和合"或寓意继续赐子"连生贵子"之义。童子数为 25 人，还可在露台中兴致勃勃下棋的因此，也可以想见当初是由琴棋书画组成四幅对的百子图。图上题的"合欢百子"和陈洪绶落款为后加的。陈洪绶是明末清初古怪偏执的文人画家。本图虽和陈洪绶的画风无缘，但其人物表现出类拔萃。恐怕也许是描绘卖货郎等风俗图的明代民间画工的作品。

五・瓜瓞綿綿

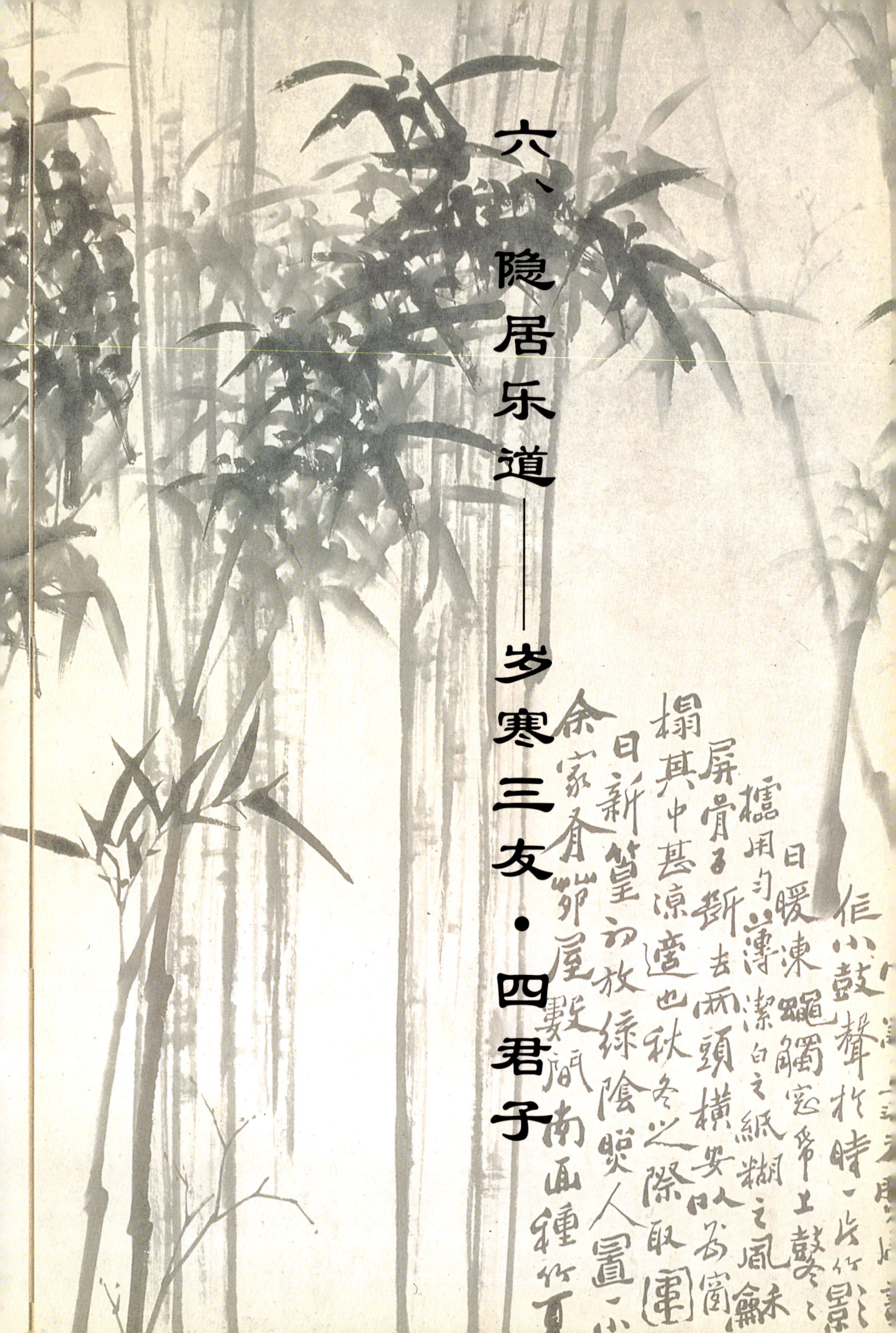

六、隐居乐道——岁寒三友·四君子

对于中国人来说，出仕做官和隐逸遁世是人生的重大问题。录用官吏的考试科举合格则当官，在现世做官仍是通向出人头地和富贵荣华之路，许多文人追求于此而度过人生大半。可是，当了官的文人也有不少人会体验到，由于政变而丢官罢职或因王朝灭亡未能飞黄腾达，在世俗中失意或怀才不遇。与此不同，文人当中也有人持另一种态度，不追名不逐利，心栖林壑。即主动脱离世俗入山归隐，远离红尘，希望津津乐道享受自由自在的生活。在废除科举的元代，许多文人或寓居于市井，或隐栖于山林。元代兴盛一时的杂剧《杂剧十二科》（太和正音谱）中，有「隐居乐道」的词句，可以说这正是隐逸林泉享受文人雅士集会生活的真实写照。希望隐逸的文人，以与文人相适应的事物调整自己周围的环境，追求的是名副其实的文人生活。例如：作为象征文人精神的事物，堪称「岁寒三友」（松、竹、梅）、「四君子」（兰、竹、梅、菊）等，是文人生活中所不可或缺的。有的文人把自己的身心投入到这些事物当中，寄托心情于此。其中，如郑思肖的无根兰、徐渭的墨葡萄，都同世俗的吉祥寓意完全不一样。文人表现的事物有时充满那个文人固有的意味和期盼。

161 ◎夏景山水图
传胡直夫 作
绢本设色
118.5 × 52.7
南宋时代 13世纪
山梨·久远寺

1幅

162 ◎秋冬山水图
传徽宗 作
绢本设色
各127.0 × 54.5
南宋时代 13世纪
京都·金地院

2幅

白云上方飞翔的两只仙鹤都象征了理想的仙境。冬景山水图中,严冬中象征节操的雪竹尖尖地伸向空中,待在峡谷深处枯木树干上的两只猿猴可以说表示的正是隐居深山老林的隐者。面对这三幅山水图,或许有人会联想起唐代传奇人物寒山诗一般的世界。各图巧妙的构成和水墨与色彩的调和都极富诗情画意。夏景刮风带来松籁和溪流的响声,秋景的鹤声、冬景的猿啼等,可以说都传达给了观景之人。『音』的表现便也成了重要的表达。这三幅图都拥有宋代绘画的最上乘质量。也可能是由于画品高尚的缘故吧,曾被当成徽宗皇帝的作品,作为中国画的最高极品受到珍重。各幅均盖有足利义满鉴赏印章『天山』印。在足利将军家藏品目录《御物御画目录》(四幅)条目中,记有『山水 徽宗皇帝』作品,本来应该是四季山水图四个条幅。

隐居山中曾是中国文人的理想之一。这个夏秋冬山水图分别描绘了隐逸山中雅游隐士的面貌状态。可以说这正是表现中国文人求之不得的理想隐居生活。那里精选了适合脱俗和隐居的事物,描绘在环绕文人的背景之中。即,夏景山水图中画的青松象征文人的高雅和节操。或许这棵青松也饱含白居易涧底松的意味。秋景山水图中描绘了高大的松柏,同时还画了三友之一的青竹。另外,隐士凝望的白云和在

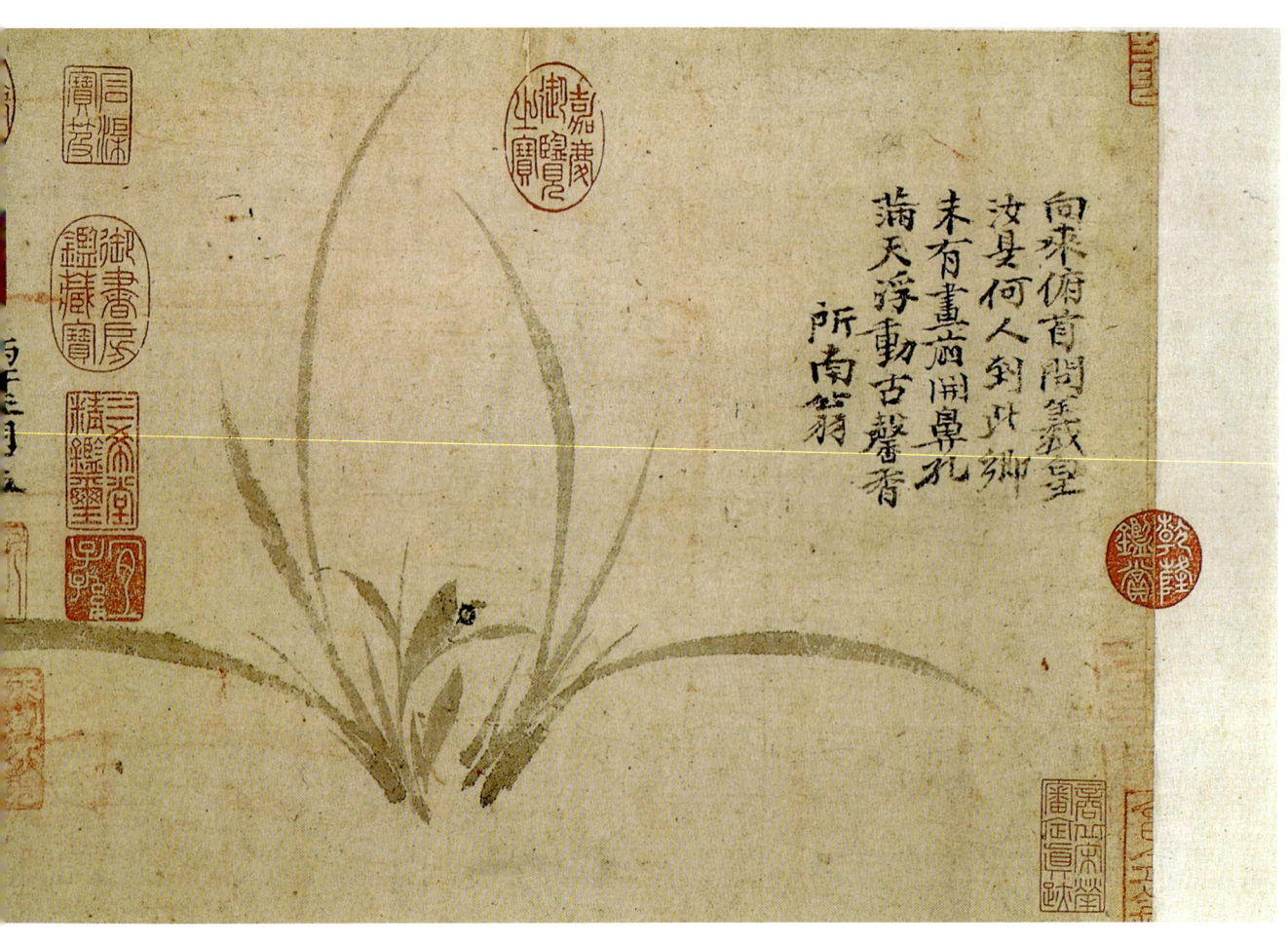

163
◎画兰图卷

郑思肖 作

纸本墨画

25.7×42.4

元代 大德十年（1306）

大阪市立美术馆

一卷

兰作为象征君子高洁之物，与竹、梅、菊合为四君子，为文人所喜好，宋代以后绘画盛行画竹。郑思肖（1241～1318）南宋末文人，字忆翁，号所南。南宋灭亡后隐居，取南宋宗室赵（趙）氏文字的一部分，称为思肖。表示对宋室的忠诚。他常画墨兰，但那些兰不像本图所看到的，而是露根兰。据说那意味着由于南宋领土丧失，作为南宋遗民，表示了对元朝的抵抗精神。郑思肖的兰充满着与单纯爱好隐逸四君子不同的含义。

164
梅花水仙图 一幅

天如 作
绢本墨画
60.8×84.8
明代·正统六年（1441）
个人收藏

天如是明代僧人。作为文人画的中心地苏州（江苏省）人士，号片玉。据说他常画兰蕙竹石。本图在梅花和水仙基础上配以寿石，再画上桂花（木犀）和蒲公英，所以有人传说是元代水墨画风，但是，白描的水仙画质特别出色。梅为岁寒三友之一，水仙通仙，群生水仙意味着群仙。都是作为祝春吉祥之花，也深受人们的喜爱。另外，桂花的桂通贵，所以意味着富贵或尊贵，还有桂枝指才学高超品貌英俊。据说词语折桂、桂林一枝都意味着科举及弟。本图中不知不觉夹杂着文人通往脱俗隐逸志向中，又寄希望于在世俗中飞黄腾达的两面性。似乎也可以窥视到文人精神上的两面性。由图上自题可知是正统六年之作。

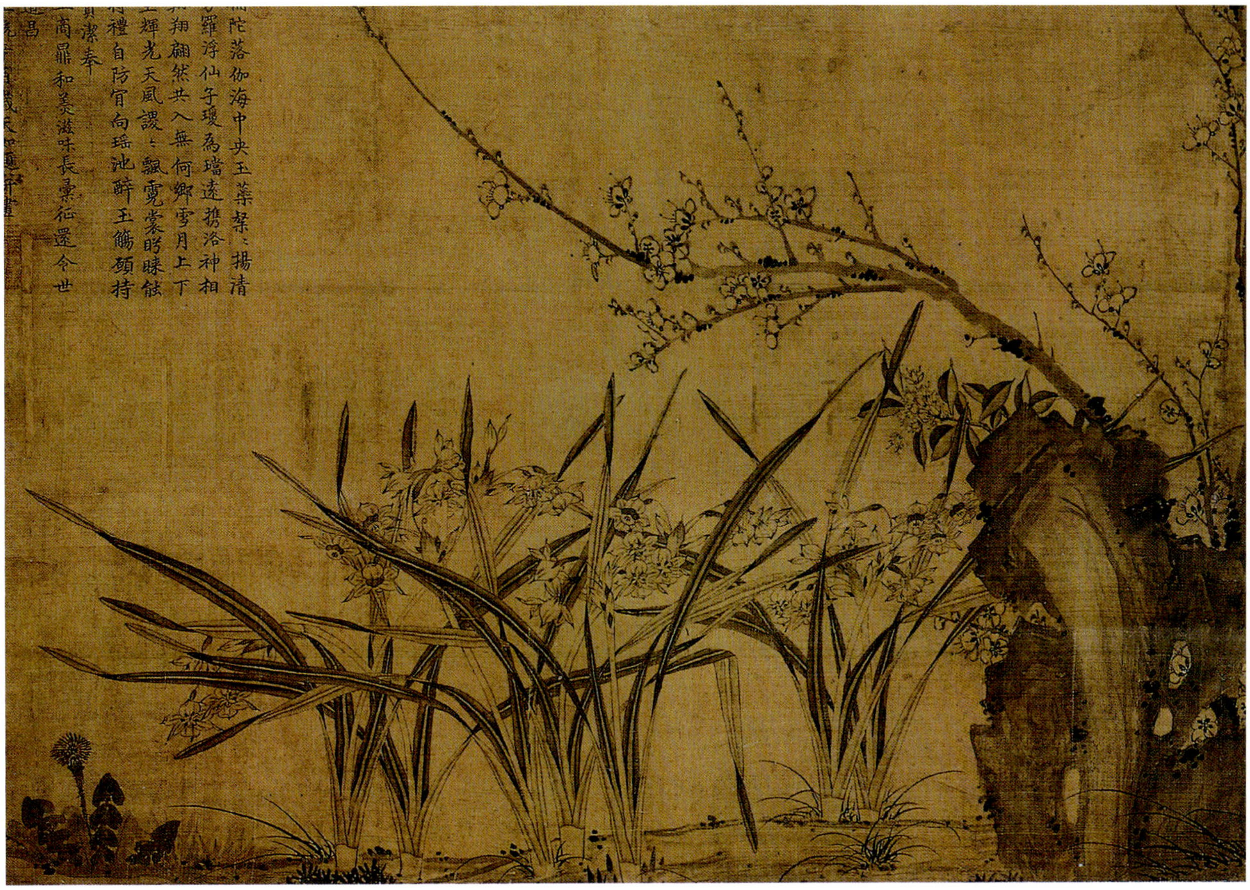

175　六·隐居乐道

165
兰石图
雪窗 作
绢本设色
各116.0 × 45.5
元代 至正三年（1343）
东京·宫内厅三之丸尚藏馆
四幅

雪窗是元末禅僧。华亭（上海市松江）人。雪窗是字，法讳普明。住在晦机元熙的法嗣苏州云严寺、承天寺等。虽然他作为画兰的名手很闻名，据说他得到了代表元代画兰文人赵孟頫之法。可是，雪窗画兰与赵孟頫书画用笔法表现有着本质上的区别，他以写实性表现作为自己的特色。本图同现存的许多雪窗水墨画兰图不同，采用设色，极具清逸情趣，堪称雪窗画的最佳品。四幅中，三幅自题「悬崖幽芳」「光风转蕙」「九畹余芬」，各图均盖有「雪窗」印和「物外清乐」印。「至正昭阳协洽」即有至正三年年记，云严寺住持时代作。

167 墨葡萄图（花卉杂画卷内） 一卷

徐渭 作
纸本墨画
28.4 × 665.1（原纸本张）
明代 万历三年（1575）
东京国立博物馆（高岛菊次郎氏捐赠）

徐渭（1521～1593）明代中期文人。山阴（浙江省）人。字文长，号天池、青藤。他多才多艺，自己认为书法第一、诗歌第二、文章第三、绘画第四。后世评价他绘画第一。他作为戏曲作家也很知名。他虽然度过了波澜壮阔的一生，但是晚年特别孤独穷困潦倒。该画充满墨戏本来的逸气，正是本身心情的表白。本图是徐渭代表作之一的花卉杂画卷中的一幅。在这幅葡萄图中徐渭题赞道『半生落魄已成翁，独立书斋啸晚风，笔底明珠无处卖，闲抛闲掷野藤中。』徐渭几次画墨葡萄题同样诗句。徐渭把世间象征富饶的葡萄，作为自己未能领受到的怀才不遇的象征来描绘，表明了文人畸变扭曲的心情。徐渭画中充满文人的愿望和期盼未果的绝望双重意味。

166 新梢带月图 一幅

陈录 作
绢本墨画
147.2 × 73.4
明代 正统十一年（1446）
东京国立博物馆

在严寒中，梅花独绽发清香，众芳魁首报春来，梅与松、竹合为岁寒三友，与兰、菊、竹被赞为四君子，梅还被誉为花魁、报春等。北宋时代，以隐居杭州西湖畔的林和靖为首的文人经常吟诗做赋，梅为文人所喜爱，梅成了文人生活不可或缺之物，还画墨梅。据说，墨梅始于北宋末禅僧花光仲仁。陈录字宪章，自题『新仲仁同为会稽（浙江省绍兴）人。自题『新梢带月』的本图有时会使人想起林和靖『暗香浮动月黄昏』的诗句，市河米庵旧藏品。

178

半生落魄已成翁獨立書
齋嘯晚風筆底明珠無
處賣閒拋閒擲野藤中
淑仙

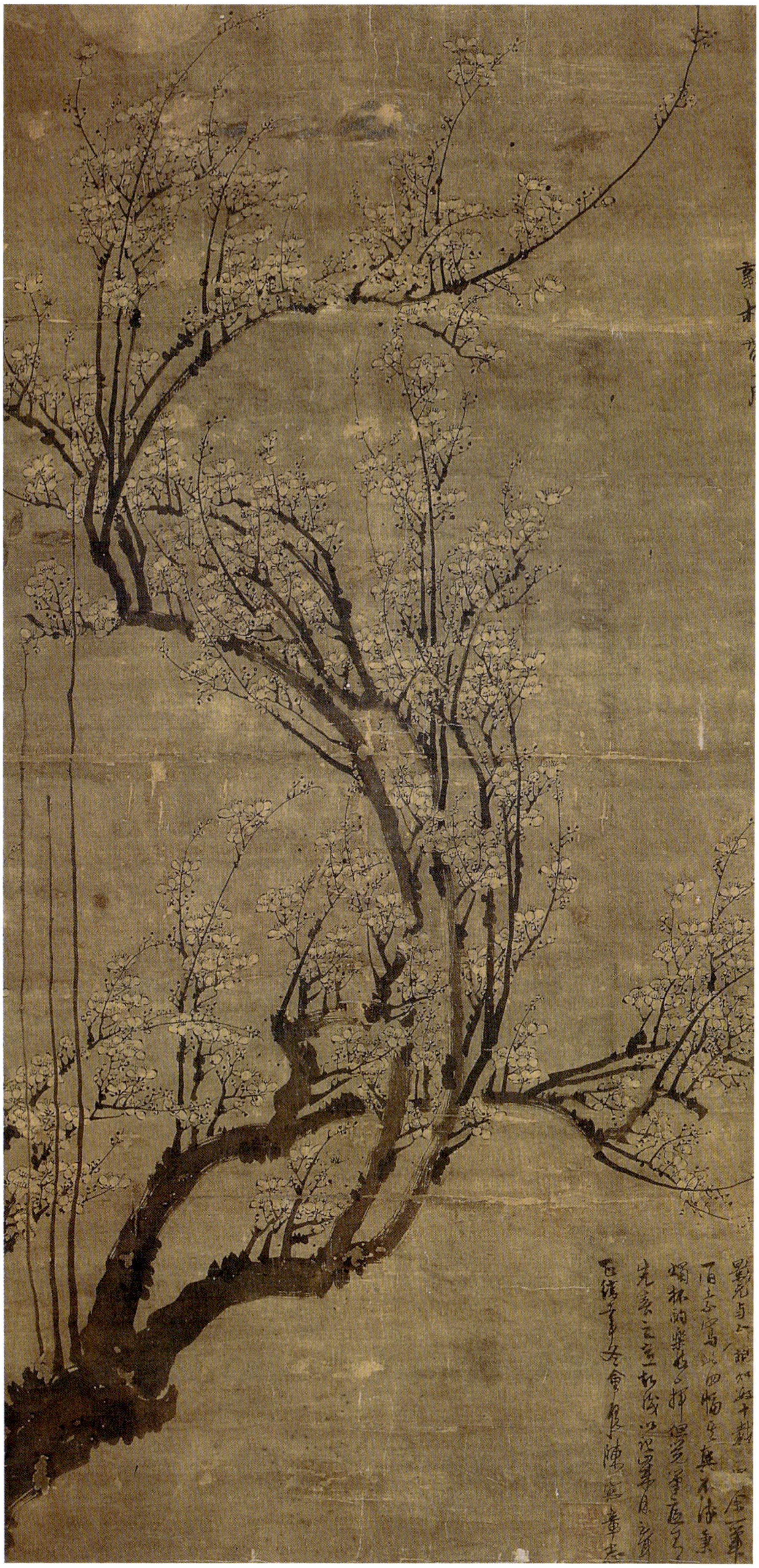

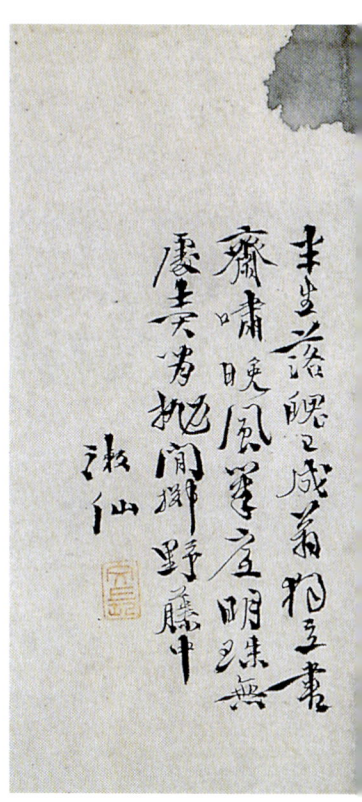

168
墨梅图　　　　　一幅
顺治帝 作
纸本墨画
110.5 × 55.0
清代 顺治二年（1655）
个人收藏

这幅墨梅图采用书法中的飞白笔法描绘。元代文人赵孟頫基于书画一致的理念，提倡采用书法运笔法绘画。其中之一例，就是采用书法的飞白来画石，即飞白石。赵孟頫的飞白石被后来的文人所继承，成为画石的方法之一。飞白枯笔露白表示的清爽韵味与岁寒三友中的梅花纯洁正好相吻合，这种飞白风格的用笔法在墨梅中表现运用得恰到好处。顺治帝（1638～1661）为清朝第三代皇帝世祖。姓爱新觉罗。字山臆，号幼庵。作为擅长书画的皇帝之一而闻名。

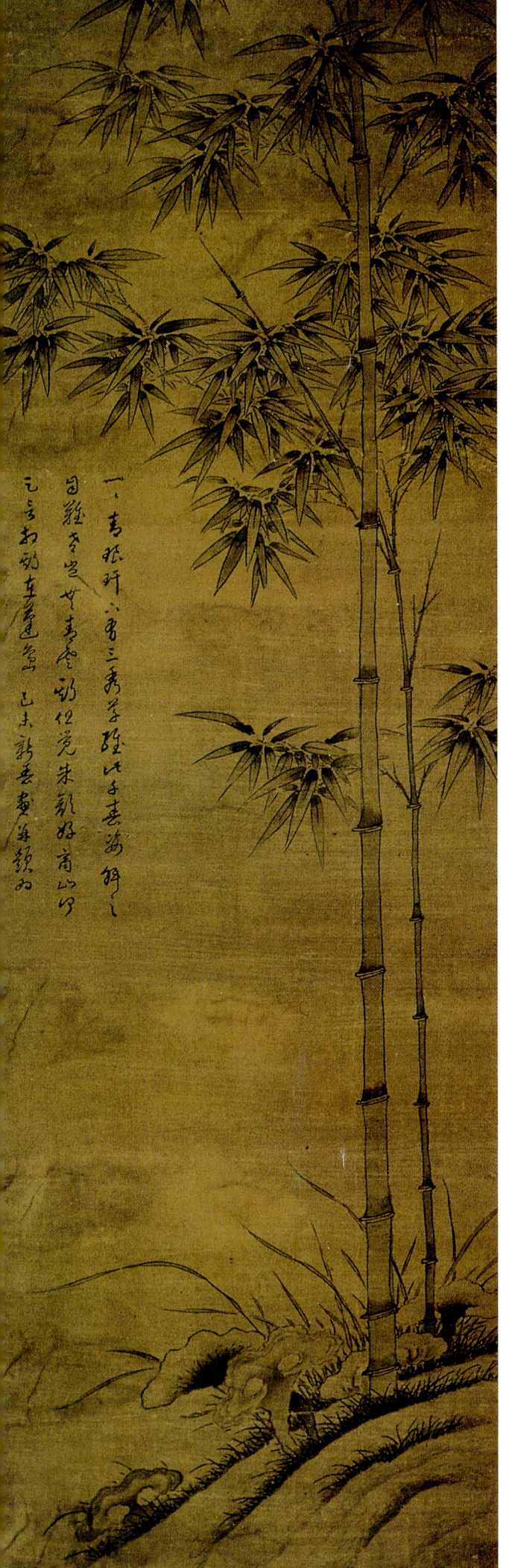

169 竹灵芝图

徐枋 作
绢本墨画
247×40.0
清代 康熙十八年（1679）
个人收藏
1幅

徐枋（1622～1694）明末清初文人，字昭法，号俟斋、秦余道人，长州（江苏省苏州）人。明朝灭亡时父亲殉死以后，他过起隐居生活，终生未再进入城市，度过了清贫的一生。他善绘画，尤其是喜欢画芝草（灵芝）和兰草。本图描绘的是岁寒三友之一的青竹，配以灵芝、兰草。不管哪一个都是象征隐逸之物。而在象征隐逸的同时，竹与祝谐音，灵芝作为仙品，食之保持长寿，可羽化登仙，所以通不老长寿吉祥植物，即与寿相通，进而灵芝意味着如意，所以可以说，竹与灵芝有作为『祝寿如意』吉祥图的含义。徐枋是把本图作为祝福仲道翁长寿而画的，写有自赞。可以说，本图确确实实非常与此般配。

170 水仙图卷

陈书 作
纸本墨画
28.6 × 271.8
清代 雍正十二年（1734）
东京国立博物馆

1卷

陈书（1660～1736）清代早期女画家。秀水（浙江省嘉兴）人，字南楼，号上无弟子，晚年号南楼老人。本图仿明陈淳作品，陈书75岁，为她晚年之作。采用白描画出丛生的水仙花和筱竹、寿石。水仙和神仙的仙同字，作为仙人象征。丛生的水仙寓意群仙。竹音通祝，意为祝，寿石正如字面之义，意味着长寿。即这幅水仙图卷寓意希望长生不老的『群仙祝寿』。清朝内府旧藏品。

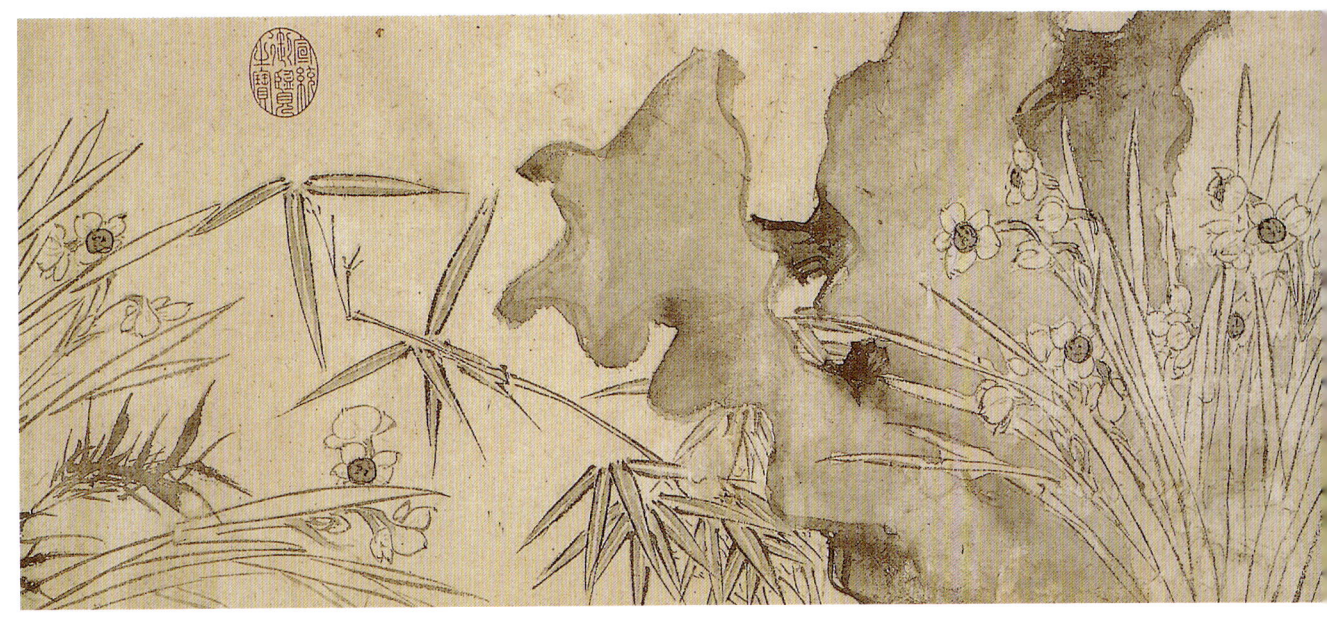

家白陽有水仙墨蒼雨瀟
彷之亦消故筆之趣
南樓老人陳書時年七十
又五

171
五松图
李鱓 作
绢本墨画淡彩
160.2×89.0
清代 18世纪
东京国立博物馆

一幅

松表示君子之德，作为岁寒三友之一，为文人清玩。关于『五松』的故事，传说秦始皇登泰山时，封五棵松树为五大夫，『五松图』也用在墨等文房四宝，为文人所喜好。似乎李鱓多次画过五松图，悉心钻研，所绘五棵松的样子各不相同，李鱓画的五棵松均不落俗套。李鱓（1686～1762左右）清代早期文人画家。兴化（江苏省）人。字宗扬，号复堂，懊道人，怜道人、木头老子等。开始也做过官，但后来辞官，居住扬州，后世被人列入扬州八个才子文人画家『扬州八怪』之一。自由奔放的画风是其特色，而像本图这样细腻的画风出类拔萃。

172
墨竹图屏风
郑燮 作
纸本墨画
119.5×236.0
清代 乾隆十八年（1753）
东京国立博物馆（高岛菊次郎氏捐赠）

4扇1架

郑燮（1693～1765）江苏兴化人，字克柔，号板桥。乾隆元年（1736）44岁中了进士，成为地方官。大饥荒时由于救济贫民事迹受到上司贵备，乾隆十八年辞官告老还乡，此后过着诗书画的三昧生活。性格豪放狂逸好酒，被赞为诗书画三绝，而墨竹和墨兰最为有名。在扬州度过了大半生的郑燮被后世列为『扬州八怪』之一。本图是他辞官后不久的作品，应该是郑燮的代表作。自题『凡吾画竹，无所师承。』他不拘泥于先人画风，而是按照自己的意志临摹竹作画的名品，实在是清新秀逸。

186

173 岁寒三友剔红笔　　1只
长 28.0
明代 16～17世纪
东京国立博物馆（广田松繁氏捐赠）个人收藏

174 寿字雕木彩漆笔　　1只
长 22.2
明代 16～17世纪
东京国立博物馆（广田松繁氏捐赠）

175 云鹤剔黄笔　　1只
长 22.9
明代 16～17世纪
东京国立博物馆（广田松繁氏捐赠）

笔帽绘有喜鹊登梅（梢）。喜鹊象征喜悦，『梅梢』与『眉梢』同音，『喜上眉梢』即意味着满面春风。笔管上被松竹梅围绕着的人物，在小溪旁抚琴，成为典型的岁寒三友图。

笔帽和笔管的侧面及底面上的寿字呈现出各种各样的姿态。苦心构思独具匠心的寿字集成百寿图的例子似乎在南宋时代就有。据梁朝庚元威考证，当时流行杂书体，描绘出了远离书法，类似绘画的百体。

表现在云雾缭绕的天空上群鹤振翅姿态的剔黄笔。鹤象征长寿，仙人骑鹤，千年之后能飞上天空。另外，圣人即位，鹤和凤凰一起出现。另一方面，鹤也用来比喻那些远离世俗誓不为官之人。

176 圭秋太平砚　　1只
纵 23.2 横 14.0 高 7.5
宋代 11～12世纪
个人收藏

仿照大瓶的墨池和墨堂大概是表示天下太平。端石砚上端耸立着的树木上结有3个果实，配有松鼠样的动物。图案预示太平盛世果实累累的秋天到来。三个果实似乎意味着三元及第。

187　六·隐居乐道

177
苍龙教子砚

纵 8.5 横 11.7 高 4.6
明代 16世纪
个人收藏

一面

瑞云缭绕之中，刻有父与子两条龙的绿端苍龙教子砚。根据民间传承的鲤鱼跳龙门成为龙的说法，在过去科举考试考场的门口，高高悬挂着龙门二字。花纹图案表示父母盼望自己的孩子科举及第的心情，亦称教子升天。

179
蟠桃砚

纵 13.3 横 21.6 高 5.0
清代 17～18世纪
个人收藏

一面

这面『澄泥砚』左右各点缀有蟠桃，王母娘娘的蟠桃三千年结一次果，吃了这个仙桃，可保持三千年的寿命。砚的背面，有『作砚者高凤翰』铭文，高凤翰在《砚谱》（1683～1748）也有收录。

178
荷中横行介士砚
纵 20.6 横 12.2 高 5.8
清代 17～18世纪
个人收藏 一面

端石砚出自其清廉形象，在被称之为花中君子的荷花中，配有一只螃蟹。莲棵（莲的果实）含有连续科举考试合格的「连科」，一只螃蟹与科举上位及第者的「二甲」相通，整个似乎是希望顺利考得优秀成绩，科举及第。

180
端溪水岩匏瓠砚
纵 17.5 横 19.5 高 4.8
清代 18世纪
东京·五岛美术馆 一面

这是一面巧妙地充分利用天然石块的石质、石色、石状，雕琢成匏瓠（葫芦）的端溪砚。意味着子孙繁荣的葫芦，此外还因「壶中天」的故事而广为人知，意味着别有洞天世外桃源，这一题材常常被用作砚的创意上。

181
古墨『有虞十二章』
吴申伯 作
明代 16～17世纪
径 10.6 厚 1.9
东京·五岛美术馆

1台

所谓『有虞』，传说舜帝接受尧帝禅让，继承帝位。所谓的『十二章』是指古代缝在天子衣服上的十二个吉祥图案：日、月、星辰、山、龙、华虫（雉子／野鸡）、宗彝（祭器）、藻、火、粉米、黼、黻。

吴申伯是明万历年间十分活跃的一个墨匠。虽然其经历不详，但现存作品丰富。

182

古墨「五老松」
吴申伯 作
径 12.0 厚 1.8
时代 16～17世纪
东京・五岛美术馆

1台 秦始皇巡幸泰山归途，在松树下避雨，封为五大夫松。五大夫本来是秦朝的一个官名，后来成为松树的异名。唐末五代时，松树意味着君子德风，成为岁寒三友之一，成为文人画的重要题材。

183
古墨『三星图』
方于鲁 作
径 12.5 厚 1.6
明代 16～17世纪
东京·五岛美术馆

1台

该墨表现了福、禄、寿三神。方于鲁开始在程君房手下从事制墨工作，后离开程君房独立，不久与程君房对立。在万历末年的墨谱《方氏墨谱》上，和385种墨一起还收录有当时的序跋。

184 古墨「九如图」
吴鸿渐 作
径 12.0 厚 2.2
明代 17世纪
爱知・德川美术馆
1台

日之升」「如南山之寿」「如松柏之茂」，如字就有九处之多。人们常把祝福他人之长寿称作歌颂天保九如，也称作南山之寿。作为吴鸿渐的作品这个九如图，整体构图当然就不用说了，甚至连细节表现完成得都十分精巧。

在中国最古老的诗集《诗经》中，有祈祷长寿福禄的天保诗。其中「如山」「如冈」「如陵」「如川之方至」「如月之恒」「如

185 古墨『百子图』 一台
曹仲魁 作
径 15.1 厚 2.1
明代 17 世纪
爱知·德川美术馆

这是为了祈祷子孙众多，描绘很多孩子的图案。举行婚礼之时，据说自唐代开始就有使用描绘很多童子的天幕「百子帐」的风俗习惯。关于作者曹仲魁的详情不得而知。可以认为是明末墨匠。

186
古墨『百老图』 一台

吴申伯 作
径 16.0 厚 2.4
明代 16世纪
爱知·德川美术馆

百老图描绘了骑仙鹤飞来的老寿星，和来迎接他的群仙游玩在兴头上的情景。即便是在明墨中也是最大的墨之一，其豪华纹样不愧是名墨，属于精湛绝妙之作。从侧款可知，万历二十七年（1599）吴申伯作。

195 六·隐居乐道

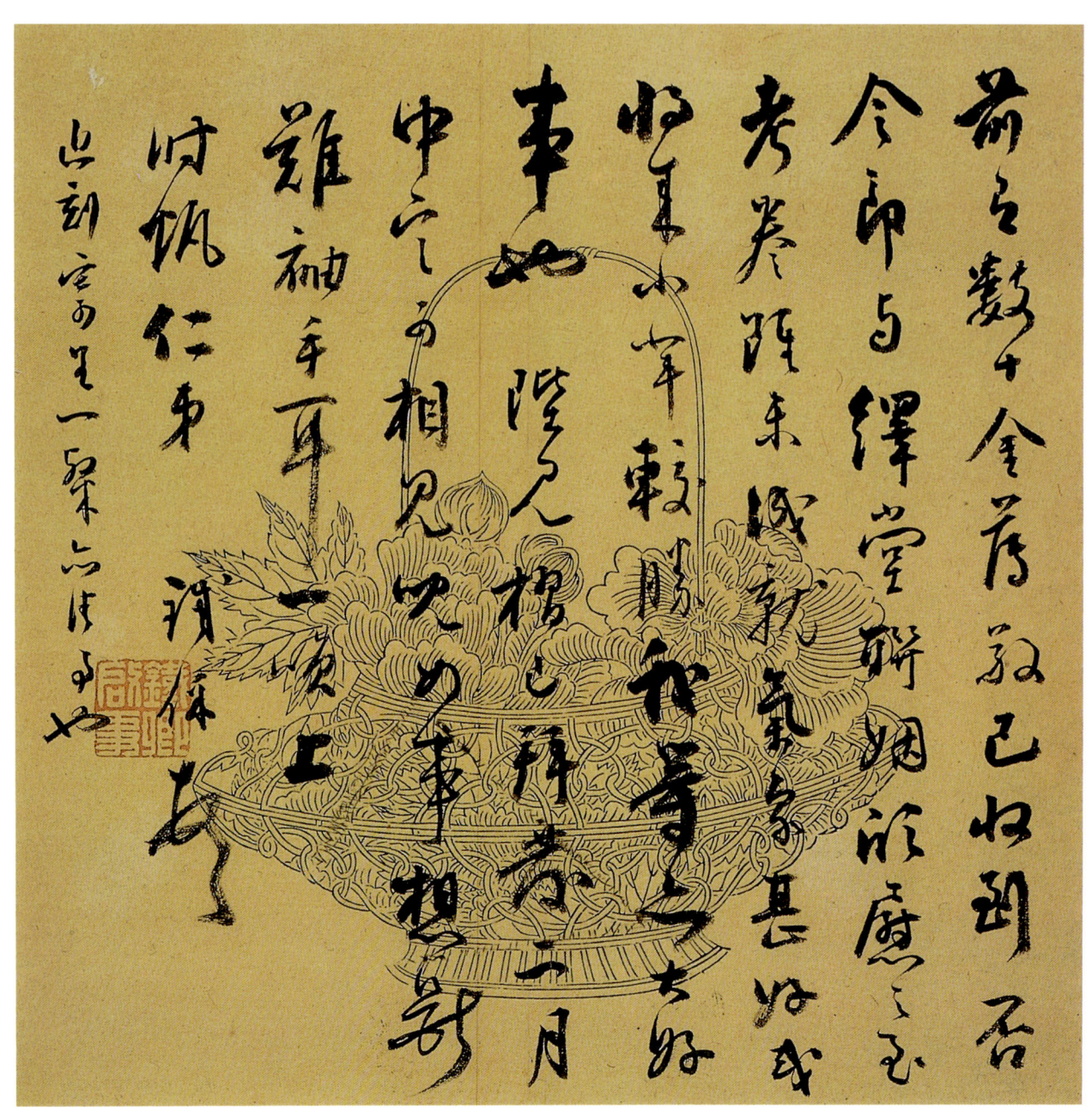

187
写给法式善的尺牍《官居一品》一帖
铁保 作
纸本墨书
22.8 × 22.9
清代 18～19世纪
东京国立博物馆（高岛菊次郎氏捐赠）

188
写给法式善的尺牍《年年有余》一帖
汪镇光 作
23.0 × 17.9
清代 18～19世纪
东京国立博物馆（高岛菊次郎氏捐赠）

法式善（1753～1813）是乾隆四十四年的进士。其居所『诗龛』作为应酬诗文的场所，经常聚集许多文人墨客。这两帖分别是铁保和汪镇光写给法式善的尺牍。虽然施以花纹图案的书简用纸，自宋代起有遗例，但是到了清代，印有多种多样的吉祥花纹图案广为普及。铁保用的信笺是盛满花篮的牡丹花的『官居一品』，而汪镇光用的信笺表现的是两条鱼戏于水藻旁的『年年有余』。

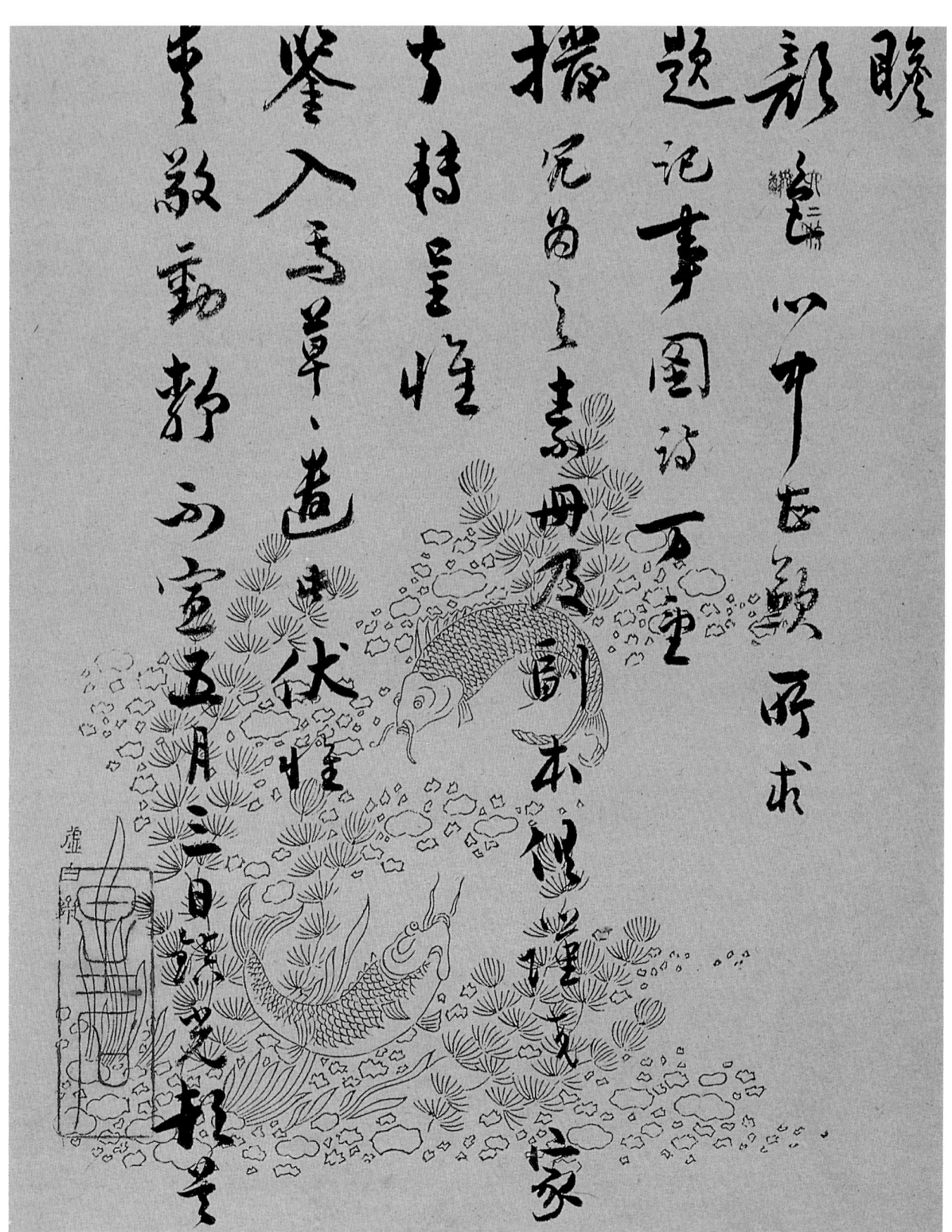

198

189
青花岁寒三友图壶
景德镇窑
高 22.2
元代 14世纪
东京·户栗美术馆 一口

采用元代青花瓷器特有的锐利描线，描绘了岁寒三友图。岁寒三友即松竹梅图，最初的画题是把松竹梅的高洁比作文人的节操，但元代以后被纳入到吉祥图案中去了，广泛用于各种器物的装饰上。

190
岁寒三友填漆盒子
［大明宣德年制］铭文
径14.5 高7.1
明代 宣德年间（1426～1435）
东京国立博物馆 一个

在器物上涂上较厚的彩漆，用刀刻出花纹图案，在那里边填埋上各种各样的彩漆，显现出花纹图案，靠这种填漆技法，在盒盖表面表现出被称作岁寒三友的松竹梅图，在盒侧面表现出四季花朵。在精美的花纹图案中，显示出明代早期的填漆特色。

199 六·隐居乐道

七、利市大吉——各种吉祥词句

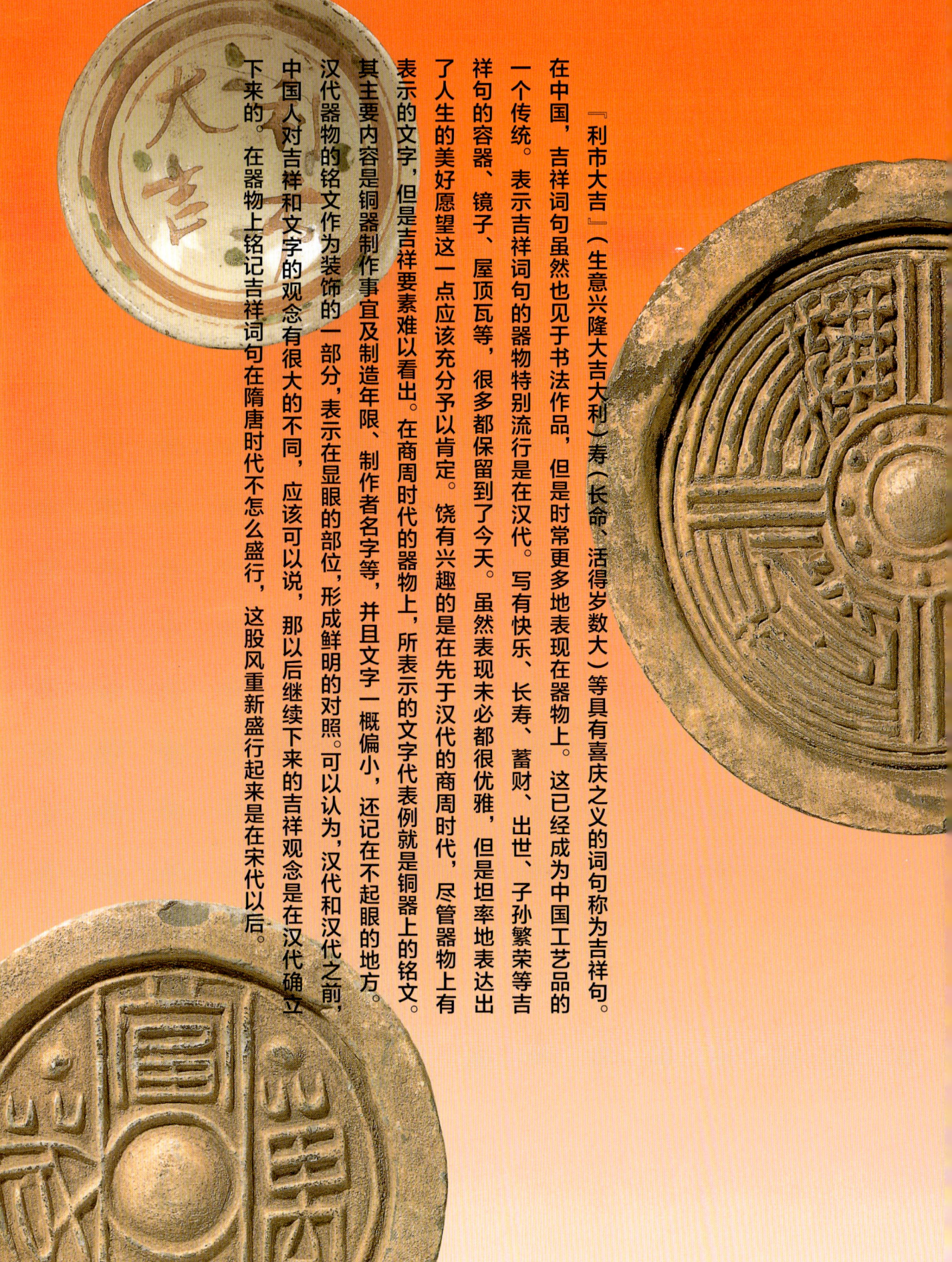

「利市大吉」（生意兴隆大吉大利）寿（长命、活得岁数大）等具有喜庆之义的词句称为吉祥句。在中国，吉祥词句虽然也见于书法作品，但是时常更多地表现在器物上。这已经成为中国工艺品的一个传统。表示吉祥词句的器物特别流行是在汉代。写有快乐、长寿、蓄财、出世、子孙繁荣等吉祥句的容器、镜子、屋顶瓦等，很多都保留到了今天。虽然表现未必都很优雅，但是坦率地表达出了人生的美好愿望这一点应该充分予以肯定。饶有兴趣的是在先于汉代的商周时代，尽管器物上有表示的文字，但是吉祥要素难以看出。在商周时代的器物上，所表示的文字代表例就是铜器上的铭文。其主要内容是铜器制作事宜及制造年限、制作者名字等，并且文字一概偏小，还记在不起眼的地方。可以认为，汉代和汉代之前，汉代器物的铭文作为装饰的一部分，表示在显眼的部位，形成鲜明的对照。可以说，中国人对吉祥和文字的观念有很大的不同，那以后继续下来的吉祥观念是在汉代确立下来的。在器物上铭记吉祥词句在隋唐时代不怎么盛行，这股风重新盛行起来是在宋代以后。

191 刻纹铜钟 「大吉」铭 一口
高 7.7 口径 12.0
后汉时代 1～2世纪
奈良・天理大学附属天理参考馆

在钟的颈部、腹部、圈足上，有用线雕表现尾羽大大张开的凤凰似的鸟和鱼等。外底有采取突线来表示的「大吉」字样。外底有「大吉」铭文的钟，还有河南省桐柏县的汉代遗迹及四川省忠县三国时代的墓穴出土的钟。

192
方格规矩蟠螭纹镜
传安徽省寿县出土
径 18.8
西汉时代 公元前2世纪
东京国立博物馆

一面

本作品虽然作为其有铭文的铜制镜属于最古老的一组，但是已经网罗了快乐、富有、出世、如意、长寿等中国的吉祥要素。还有，铭文末尾画有鱼，这是不是算吉祥图案还不确定。

铭文「大乐富贵 得所好 千秋万岁 延年益寿」。

193 ○兽首镜
径 19.8　东汉时代　建宁二年（169）
东京·五岛美术馆　　　　　　　　　一面

在四叶纹之间，配有四头狮子似的兽脸，虽说有点像，但还是有些差异。铭文表示在连弧纹内侧圆周上和四叶纹中间。买到的不只是成为幸福，还有镜子的制作者祝愿长寿这样的内容，在其他镜子上时而也能见到。

铭文『建宁二年正月廿七日丙午　三羊作明镜自有方　白同（铜）清明复多光　买者大利家富昌　十男五女为侯王　父妪相守寿命长　居一世间乐未央　宜侯王　乐未央』『□□□长宜官宜侯王　师命长』。

译文『建宁二年正月二十七日丙午日，三羊（工房名）制作了这面明亮的镜子。这面镜子很吉利。白铜清洁明亮放光辉。买（这面镜子）者利涨家富荣，十个儿子五个姑娘成贵族。父母平安一生无事。一生享乐不尽。成贵族。享乐不尽。』『可永久为官，成贵族。（制作这面镜子的）工匠也长寿。』

195 「长生无极」勾滴筒瓦（檐头巴字瓦） 1块
径 19.4
西汉时代 公元前 2~1 世纪
东京国立博物馆

194 「富贵万岁」勾滴筒瓦（檐头巴字瓦） 1块
径 14.2
东汉～十六国时代（2~4 世纪）
东京国立博物馆

瓦在中国自西周时代（公元前 1100 前后～公元前 771）至今一直持续在制造。中国瓦上可见各种装饰，显示文字的也不少。汉代（公元前 206～公元 220）是云纹勾滴筒瓦（檐头巴字瓦）流行的时代。用文字表示的瓦制造得很多。内容几乎都是吉祥词句。「长生无极」（无限长寿）、「富贵万岁」（永远繁荣富贵，保持身份地位高）等四字成语居多。表现这些吉祥句的瓦一直残留到南北朝初期。莲华纹瓦一开始流行，便几乎无影无踪了。

馬氏殿當

此瓦向來未見著錄
近出關中知為西京
故物漢書外戚傳
無馬氏元帝為太
子時嘗幸司馬良
娣為司馬元后傳疑
此為司馬氏園寢
之瓦故得備殿與

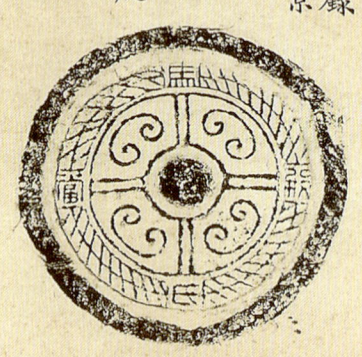

余昔藏漢畫有五鹿一見李禽龜池五瑞亭
琴亭國李夫人墓石雌知陳氏所藏半氏又有二
鹿文凡此兩瓦集成五鹿圖故曰漢五鹿高

武陵圖神

漢書高帝紀
十二年夏四月丙寅
葬長陵注長陵在
長安北四十里張晏云
傳假令愚民取長陵
一抔土陛下且何以加
其法乎此瓦為浦城
楊信卿所得信卿歿
後流轉入市遂歸
寒齋

得此瓦出即李禽瓷陵東當
庚申曾作長陵二百敬紀其事

余在關中凡常生
至極瓦乃孫氏青
芙蓉館物譚蘭亭
軍門所贈今又以
此兩瓦合弁氣以
制作觀之者與
長生至極為同時
所造疑為未央官故
物也

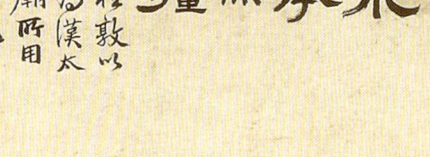
永奉無疆

程敦以
為漢太
廟瓦用

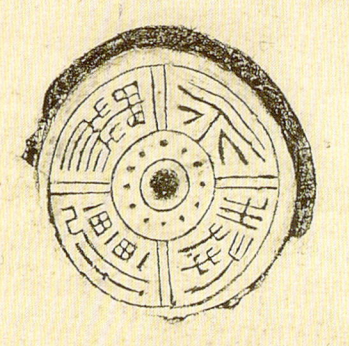

肅字曰不同
歉者是多此
正與蠡闕文
相近而文影較
弱也

舊說以衛字為秦瓦此則
吳祖龍之制作矣

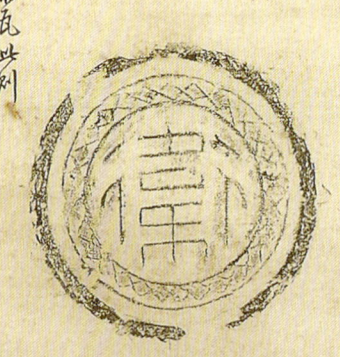

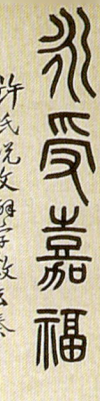

許氏說文解字敘云秦
書有八體四曰蟲書徐
鍇曰漢書注蟲書即鳥
書以書幡信首象鳥
形大徵葉漢印文中
多有作蟲書者瓦
當惟此一種或釋
福字為祥莫

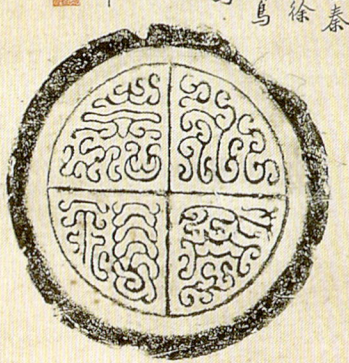

漢瓦當有青龍
白虎朱雀元武延
年皆見金石家拓本
中習見之品獨底
瓦則從未見有余
得其二亦可貴矣
百二長生館主人

清末作為金石學者聞名的吳大澄（1835～1902）把十二種瓦當拓在四聯上，記下其考證。自清代乾隆前後起，盛行記錄著述。因為有關吉祥的內容很多，所以人們常把它作成拓本，掛在書齋，作為書法來鑒賞。

余在秦中原售延年益壽瓦當二文皆不同
一從延年益壽一作壽之權蕨者存藏
一同範本見當本刻作此工奕 憲齋

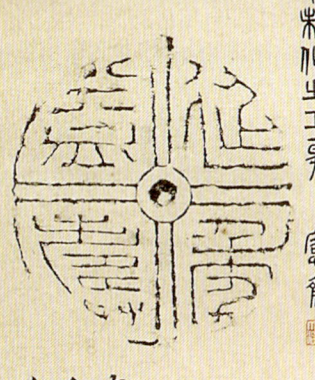

海豐吳氏濰縣陳
氏皆藏有延壽萬
歲瓦無為著錄
未見

四鳥文頭中有直闌界
宮殿所用之瓦

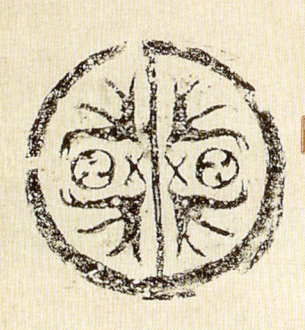

八鳳壽存當五字
瓦朱楓釋為益壽
存當者乃是漢書郊
祀志王莽元年興神
仙事以方士蘇樂言
起八風臺作樂其言
成萬金作樂其上此
八鳳瓦也又弄此
宮壽成寶霸館龍長
存館壽存三字四此弄
時宜館令名相類

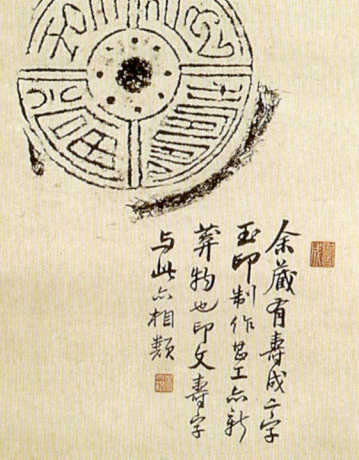

余藏有壽成五字
玉印制作古拙新
莽物也印文壽字
與此亦相類

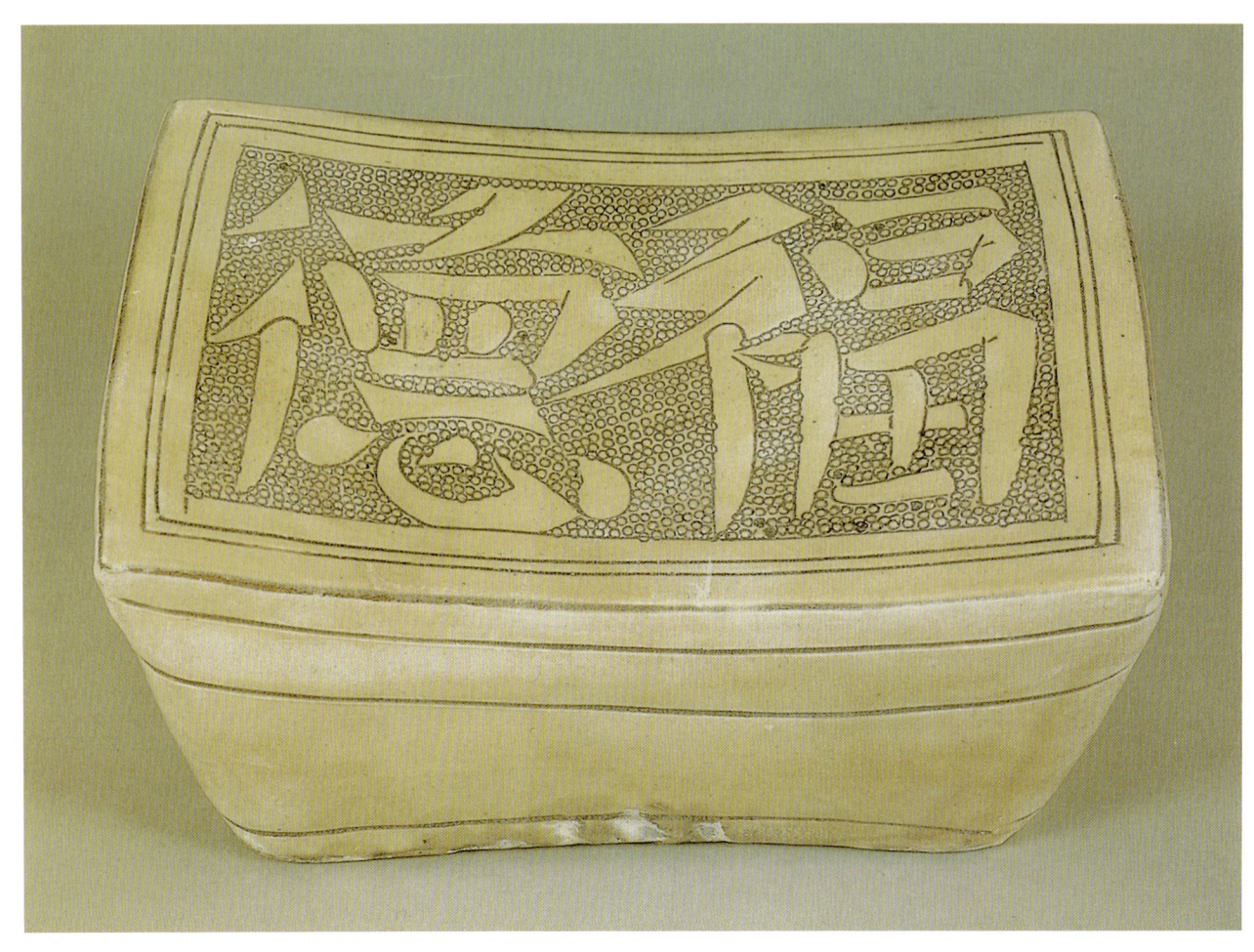

197
白釉划花纹枕『福德』　一个
磁州窑
25.0 × 16.6
北宋～金代　12世纪
东京・户栗美术馆

在烧制民众日用器物的磁州窑，到了北宋时代，盛行表示各种寓意的花纹图案，与此同时，用文字表示各种愿望和吉祥的词句也有。『福德』在这里意味着幸福与获利（『德』与『得』相通）。

198
黑褐釉坛『福德长寿』　一口
高 40.3　口径 7.1　底径 13.0
金～元代　13～14世纪
个人收藏

施以黑褐釉地，加线雕，以大胆装饰性字体，在坛四周雕出『福德长寿』（幸福、赢利和长寿）四个大字。坛的用途大概是盛酒。

210

199 五彩碗『利市大吉』
磁州窑
高 4.0 口径 10.2 底径 4.4
金～元代 13世纪
东京国立博物馆（横河民辅氏捐赠）

200 五彩碗『鹤』
磁州窑
高 5.1 口径 13.0 底径 4.8
金～元代 13世纪
东京国立博物馆（横河民辅氏捐赠）

201 五彩高足杯（天地大吉一日无事深谢）
磁州窑
高 6.9 口径 8.9 底径 3.9
金～元代 13世纪
东京国立博物馆（横河民辅氏捐赠）

磁州窑自金至元代，烧制以红、绿、黄颜料彩绘的陶器。为了供民众日常使用而烧制的器物，在日本亲切地以『宋赤绘』的名字相称。除了描绘草花等身边题材之外，还表示各种各样吉祥句的实例很闻名。这三样作品分别是，意味着幸运的『利市大吉』、象征长寿的『鹤』，还有一口写着『天地大吉一日无事深谢』、用途是酒杯。可以看出当时人们率真的愿望，以及民窑磁州窑的性格，让人兴趣浓厚。

202
岁寒三友雕彩漆六角盆（寿） 1个
「大明嘉靖年制」铭文
明代 嘉靖年间（1522～1566）
东京国立博物馆
径 28.8 高 4.9

用雕彩漆的技法，表示岁寒三友，即松竹梅图。象征长生不老的松仿『寿』字。从明代嘉靖年间（1522～1566）开始，人们盛行用具有吉祥意义的树干等，表现吉祥文字或吉祥词句。

203
红彩瑞果纹角钵 「福寿宁康」1口
景德镇窑 「大明嘉靖年制」铭文
明代 嘉靖年间（1522～1566）
东京国立博物馆（广田松繁氏捐赠）
高 7.5 口径 16.7 底径 6.9

用红色颜料描绘在四面的各种果树干分别仿照成『福寿宁康』四个字。这是盼望幸福和长寿、平安无事和健康吉祥纹样。钵口边缘描绘有象征长寿的鹤和灵芝。钵底用青花铭有『大明嘉靖年制』。

204
黄地绿彩寿桃纹角皿『寿』 1只
景德镇窑「大明嘉靖年制」铭文
高4.4 径16.3×16.2 底径10.3×10.1
明代 嘉靖年间（1522～1566）
东京国立博物馆（比佐隆三氏捐赠）

皿中央有用篆字表现意味着长生的『寿』字。配在周围的桃、灵芝、鹤都是象征长寿的花纹图案，不挂釉素烧后，分别涂上黄、绿釉点缀，瓷胎三彩。

205
岁寒三友龙凤存星棱花盆「福·寿·禄」一幅
「大明嘉靖年制」铭文
径34.5 高4.2
明代 嘉靖年间（1522～1566）
个人收藏

盆中央用三个扇面分开，分别是岁寒三友（松竹梅），配以凤凰、龙。松干仿照「寿」字、竹仿照「禄」字，梅仿照「福」字。花纹图案轮廓线金色映在茶色彩漆地上，创意华丽有口味。盆底有填金铭「大明嘉靖年制」字样。

八、鱼跃龙门——盼望出人头地

六朝时代所进行的官吏录用制度，是推进官吏贵族化、门阀化的结果。为此，隋朝实施科举，从万民之中广选有才之人。科举分为乡试、省试、殿试三试。首席及第者分别称解元、省元、合称三元。殿试合格者按成绩分为第一甲、第二甲、第三甲，第一甲成绩优秀者首席称为状元、次席称为榜眼、第三席称为探花。科举考试合格参与政治，是道德高尚学识渊博的君子的理想。同时可以发家致富，一家老小满门享受特权。科举是对万民敞开的通向荣华富贵的龙门。如果中举高官得坐骏马得骑，注定终生富贵。

为此，科举及第和通向立身出世的愿望，化作各种各样的形式，使之创意图案化。鲤鱼跳龙门，就是其中最有代表性的例子，可谓家喻户晓尽人皆知。利用同音异义的词语，或迷信兆头也有很多。圆形三个荔枝、龙眼、核桃图，圆与元发音相通，意味着三元及第，莲的果实『莲颗』意味着连续考试及第『连科』。另外，『蟹』因有甲壳，一只蟹意味着第一甲及第者，两只蟹意味着第二甲及第者，『螳螂』与『当郎』同音，所以意味着『成为官吏（郎）』，其例子不胜枚举。

206
三彩莲鹭纹枕『一路连科』　1个
磁州窑
长径 30.0　高 10.5
金代　12～13世纪
冈山·林原美术馆

荷花瓣凋谢，莲蓬与一只鹭，莲子（莲颗）露出来的莲与一只鹭，可以解释为表示祈祷一路连科的花纹图案，即科举考试连续合格的意思。这是金代磁州窑烧制的陶枕。分别挂黄、绿等釉子的三彩技法设色。

207
五彩莲池水禽纹盒『喜得连科·一路连科』　1个
景德镇窑『大明万历年制』铭文
高 7.5　径 15.0　底径 10.8
明代　万历年间（1573～1620）
东京国立博物馆（横河民辅氏捐赠）

香盒上描绘了一只停留在莲子上的鸟——鹭，可以考虑该图表示喜得连科、一路连科。从花纹图案寓意来推测，可能是笔洗一类文具。这是明代万历官窑五彩瓷器，可以认为这是民间吉祥图案被引进到官窑瓷器上的创意例子。

一路连科·喜得连科

莲的果实即莲颗，莲与连、颗与科发音相同，故通连科，寓意科举考试连续及第。在录用官吏的考试科举中分成很多阶段，在地方上进行的是乡试，在尚书省礼部进行的是省试，天子亲自进行的是殿试等，连续参加科举考试并及第者，出人头地的道路就打开了。带有喜字的喜鹊停留在莲的果实上，成为『喜得连科』图，或在莲旁有一只鹭（鹭和路发音相同）出现形成『一路连科』图，这些都是寓意科举连续及第的吉祥图案。

219　八·鱼跃龙门

208

春风得意图

溥儒 作
纸本淡彩
98.2 × 24.5
中华民国时代（20世纪）
个人收藏

一幅

图中描绘的是在春风作用下风筝高高升上天空，童子手持风筝线兴高采烈地跑动着的姿态。放风筝图寄托着春风和得意（得意洋洋飞黄腾达）的寓意。在《吉祥图案解题》一书中，作为『春风得意』刊登着一骑牛童子放风筝图。另外，童子放的风筝冲上云霄图，据说有『青云发冲天』（青云之士得路，意气风发冲天）的意思。

溥儒（1896～1963）清朝宗室出身，姓爱新觉罗，字心畬，号西山逸士。延平（河北）人。1940年前后成为国立北京艺术专科学校绘画专业图画组教授，与上海的张爰（大千）有『南张北溥』之誉，后移居台湾。

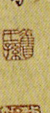

209 青瓷砚屏（鳌头独占） 一台
东京国立博物馆（广田松繁氏捐赠）
明代 16～17世纪
高 20.9 宽 13.4

鳌头独占的文字表明的是状元，即成为科举首席合格者。当年，状元次席合格者二名都得到皇帝谒见时，只有状元站在陛石上，其前方有雕刻的鳌（空想中的大龟），独占鳌头出处于此。图中掌管文运的奎星（后与魁星混同）手中持笔，骑在海中鳌头脚踏北斗的姿态，依然是寓意科举及第。所谓砚屏实际上就是立在砚台边上，成为文具之一。明代青花瓷、花纹图案部分未挂釉，而露胎贴金铂。

210 五彩五子登科图盘（官上加官）一只
景德镇窑
明～清代 17世纪
高 3.5 径 20.9 底径 10.4
京都国立博物馆

一只公鸡和五只小鸡图，寓意五个孩子全都及第文官，称之为五子登科吉祥图案（这个盘子实际上画了六只）。这个故事基于五代人窦禹钧的五个孩子都出人头地扬名四海。另外，旁边还画鸡冠花，鸡冠在日本叫鸡头。冠与官的发音相同，所以冠部的红色肉冠。即意味着官吏的连续晋升。明末清初景德镇民窑烧制的所谓『南京赤绘』的典型作品。

221　八·鱼跃龙门

211
青花爵禄封侯图壶
景德镇窑
明代 16世纪
高51.5 口径21.4×26.6 壶体直径41.1
兵库・白鹤美术馆

喜鹊、鹿、蜂窝及猴子图。鹊与爵、鹿与禄、蜂与封、猴与侯发音相同，爵禄封侯、即意味着被封为诸侯，得到爵位与俸禄寓意的花纹图案。明代晚期景德镇民窑烧制的青花瓷器。

212
五彩封侯图盘 一只
吴须红花瓷
高 8.8 径 38.6
明代 17世纪
东京·静嘉堂文库美术馆

猴子向着蜂窝伸手图，蜂和封、猴和侯谐音，表示受封。鹿与禄发音相通，寓意得到俸禄。明末福建省南部漳州地方窑面向出口批量生产的所谓吴须赤绘。

213
◎马猿猴图（笔耕园内） 一幅
绢本设色
32.3 × 31.7
明代 15～16世纪
东京国立博物馆

本图描绘了猴骑在马背上的姿态。据说，在中国猿一般意味着长臂猿，与此相对，像孙悟空那样的类型才叫猴。通常画在马上的是猴，作为吉祥图，具有"马上封侯"的意思。马上这个词在中国有立即、不久的意思。另外，猴和侯同音，马上猴图有立即被封侯，寓意希望出人头地。本图中马猴都描绘成睡姿睡相，似乎也像"有福之人不用忙，静待良机"图。但是本来应该画猴的地方却画了猿，或许当时日本人喜欢画猴的地方却画了猿，为投其所好，使人想到面向日本的宁波画。

215 封侯图

沈铨 作
纸本设色
220.1 × 104.8
清代 18世纪
个人收藏

一幅

欢，鹿与禄音通，意为仕官（当官），寓意繁荣。另外，蜂与封、猴与侯音通，所以蜂与猴组合意味着『封侯』。燕又称春燕，作为瑞鸟。即，本图可以说是寓意『百禄封侯』的作品。笔者沈铨（1683～1760）是到日本去的清朝人之一，吴兴县双林镇（浙江省）人，字衡斋，号南蘋。雍正九年（日本享保十六年，1731）带领高乾、高钧、郑培等弟子赴日并逗留几年时间。其画法成为长崎派花鸟画的基础。

本图描绘河畔有雌雄两头鹿，岩石上的柏树有一只猴子面向蜂窝张望的姿态。蜂窝周围有几只蜜蜂在飞舞，另外，天空和柏树间可见两只燕子。柏和百同音，意味着百龄，鹿作为长寿的仙兽为人们所喜

214 白玉马上封侯书镇

高 8.2 长 14.5
清代 19世纪
东京国立博物馆（神谷传兵卫氏捐赠）

一块

猿猴紧紧搂抱在马背上。马上在汉语里有不久的意思，猴与侯发音相同，寓意不久即将封侯。这是清代玉器。作为文具之一的书镇而制作的。

216
侯禄图
何元鼎 作
绢本设色
195.4×100.0
清代 18世纪
个人收藏
一幅

图中描绘在河畔柏树下，仰望树上猴的雄鹿和把鼻子靠近地面的雌鹿。和沈铨的封侯图一样，本图靠柏（百）、鹿（禄）、猴（侯）组合，寓意『百禄封侯』。鹿的周围还画有表示祝福之义的竹子，整个画面充满颂扬祝福的主题。还有，据说两头鹿寓意『路路顺利』，柏树和鹿寓意『百龄食禄』。何元鼎是绍兴（浙江省）人，字荆峰，号镜江。

217 三教图
郑颠仙 作
绢本墨画淡彩
141.8 × 76.5
明代 16世纪
爱知·德川美术馆
一幅

柏树下三位隐士，其头顶上方枝干上画着两只猿。一头是白猿。仔细观看，两头猿在窥视着蜜蜂在树上筑蜂巢。即可以说，本图画猴与蜂寓意『封侯』。本来不应该画猿，应该画猴，本图以外也有猿和猴的区别变得暧昧的例子，似乎是用猿和蜂也可以表示『封侯』。另外，『白』是『百』字去掉一横，成为九十九，包含一头白猿在内，两头猿意味着百猿。主角三个隐士，孔子、释迦牟尼、老子三位圣人，所以本图是三教图。其背后希望『封侯』这一世俗飞黄腾达图案被隐藏起来，令人饶有兴趣。郑颠仙是明代福建闽侯画家，字文林，号颠迁。擅长人物画，明末浙派『狂能邪学』中的一人，极具个性，具有独特的表现。

218
鱼化龙剔红盒子 一个
径 23.5 高 13.0
元代 14世纪
东京国立博物馆

在楼阁前的水池里有鲤鱼在欢跳，云彩飘起，龙出现。传说鲤鱼经常跳跃，所以变成龙。鲤鱼化作龙的图案寓意科举（中国当年录用官吏的考试）合格，立身成名。

219
青花鱼跳龙门香炉
景德镇瓷
总高19.1
明代 17世纪
东京国立博物馆（横河民辅氏捐赠）

香炉呈鲤鱼跳起来的姿势。头部正在变成龙。按照传说，鲤鱼顺黄河逆流而上，其中只有最优秀的一条登上龙门，变成龙。登瀑布的鲤鱼常常被人们比作科举及第。或许是出于把从嘴里冒出的烟比作瀑布这样一种趣向。

220
鲤鱼图
李麟 作
绢本墨画淡彩
136.3×84.9
明代 16世纪
冈山·林原美术馆 一幅

鲤鱼在三百六十种鱼当中属于最佳品种。据说，鲤鱼顺黄河逆流而上，集中到龙门前，其中唯有一条精力最充沛富于神力的鲤鱼猛然一跳升上龙门，与此同时即刻变成一条龙。本图描绘一条鲤鱼在波浪翻卷之中跳起。具体表现出了这个『鲤鱼跳龙门』的传说。该图描绘此时此刻鲤鱼的头顶正在长出龙角，正由鲤鱼变幻成龙的那一瞬间。关于这幅无落款鲤鱼图的作者，狩野探幽（1602～1674）在外标题书写李麟。尽管在画史中李麟作为明代画家出现过几次，但是否是本图作者尚不明确。

230

九、吉祥如意——福在眼前

正如吉祥词句"龙凤呈祥"所代表的那样,万灵之长——龙、百鸟之王——凤凰现身是世上最高的吉祥。另外,天下太平的盛世,作为其象征就是天降甘露,嘉禾(穗粒多的谷物)茁壮成长。不久,不只是那样一些超自然现象,身边的动植物也利用其形态上的特征,及生态或药效等实用上的价值,积极地发现其吉祥意义,纳入到画题或花纹图案中来。进而,在汉语中利用文字、发音和字义直接对应的语言体系,字音相通造成的"谐音双关语"非常发达。用与喜庆意思相通的同音别字进行置换的办法,来达到讲究吉利的目的。例如:新年之时,即使是器物坏了或损毁,要转换成与"碎"同音的"岁",高兴地说"岁岁平安"(每年都平安无事之义)。为此,按照主题组合的音通,把表示吉祥意义的语句展现出来。于是,一种隐藏在文字或花纹中寓意深刻的吉祥图案被人们想了出来。这种吉祥图案的语句不仅明清时代大量出现在器物上,早在宋代就已经相当发达。北宋、金代磁州窑烧制的陶枕等的构思创意作为吉祥图案,大多数都能破解其寓意。

至于中国人身边的器物,在创意上动脑筋下功夫构思,饱含吉祥要素的很多,想方设法把幸福与好运往自己身边拉近。把所有造型和"意思"牵强附会地一环扣一环地硬联系在一起

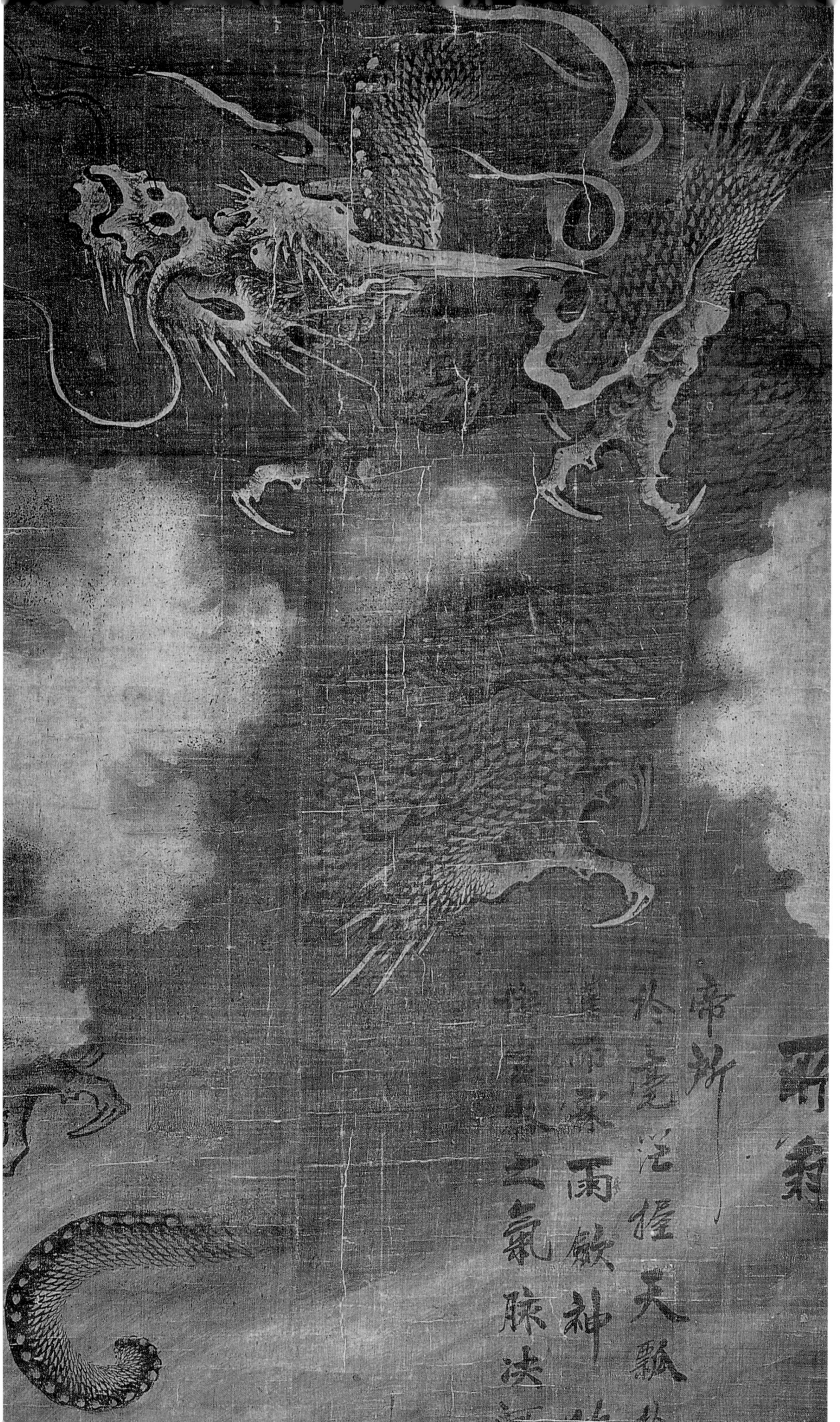

221
◎龙图
陈容 作
绢本墨画
1870×111.8
南宋时代 13世纪
爱知·德川美杰馆

1幅《易经》《云从龙》记述和"鱼跳龙门"的故事来看，云和波都多有表现。本图是南宋文人陈容的作品，是现存中国画中龙的代表作之一。陈容字公储，号所翁，长乐（福建省）人。他虽是端平二年（1235）进士，但那时人已过中年，在失意和贫困中，做莆田（福建省）地方官时了却了自己的一生。

龙为四灵（麟、凤、龟、龙）之首，有辟邪祈雨神力，作为神灵杰出之物。从《易

222
◎白釉黑花龙纹瓶
磁州窑
高40.8 口径6.0 瓶体直径21.5 底径10.9
北宋时代 12世纪
兵库·白鹤美术馆

1口

瓶上图案表现了挥舞着锐利龙爪气魄逼人的龙威。北宋晚期磁州窑烧制的白地刮除涂黑的代表作。在灰色胎土上施以白妆，在白妆上涂铁颜料，然后只刮除铁颜料，露出白地上的黑（铁）色花纹图案。

223
青花龙涛纹壶
景德镇窑
元代 14世纪
高29.3 口径20.3 底径18.6
东京国立博物馆
一口

以强有力的笔势在整个壶面上画出在天空疾驰的龙姿。在壶口处和壶底部画有充满动感的波涛纹。确确实实的素描和无隙花纹图案结构，都充分彰显了元代晚期景德镇窑青花瓷器的特色。

224
◎ 龙涛螺钿棱花盆
元代 14世纪
径33.0 高23
东京国立博物馆
一只

盆口边缘深深的刻痕，形成有力的棱花形纹样。在绿色和桃色上有效地应用闪耀放光的贝片，表现出五爪龙。龙的表情生动，散碎的波涛表达极富动感。作为元代螺钿佳品代表广为人知。

236

225
◎青花龙涛纹天球瓶
景德镇窑
明代 15世纪
高 43.5 口径 9.2 瓶身直径 33.7 底径 15.8
东京・畠山纪念馆

从伸展膨胀为球形的瓶体到瓶颈部，呈直立状器形的瓶子称为天球瓶。大而复杂翻腾滚动的波涛纹填满画面，为了浮出龙的形象，将花纹图案留白的表现手法，印象深刻令人难忘。这是明代早期青花瓷器，技术、式样完成度都十分高。

226
釉里红凤凰纹瓶
景德镇窑
元～明代 14世纪
高 39.5 瓶身直径 21.6
奈良・大和文华馆

采用釉里红技法，在称为梅瓶肩部鼓出的瓶上描绘凤凰。凤凰是传说中的祥瑞之鸟，知天下治乱，出现在太平盛世。描线舒畅，作为元末明初釉里红，得到稳定的红色成色。

227
五彩寿山福海图壶
景德镇窑「大明万历年制」铭文
高35.1 口径18.8 底径19.0 一口
明代 万历年间（1573～1620）景德镇官窑烧
东京国立博物馆（横河民辅氏捐赠）

空中许多蝙蝠起舞，蝠的发音与福相同，所以寓意幸福，耸立在海中的岩石表示寿山。总体表示寿山福海，即「福如东海，寿比南山」祝福长寿的意思。这是明代晚期万历年间（1573～1620）景德镇官窑烧制的华丽风格的五彩瓷器。在日本称作「万历赤绘」，受到人们的喜爱。分别涂上红、青、黄、绿等五颜六色竞相媲美的蝙蝠图，充满与吉祥的语意内容相称的富饶气氛。

228 青花红彩蝠云纹有盖壶 一口
景德镇窑 「大清乾隆年制」铭文
总高 47.4 口径 15.1 底径 15.1
清代 乾隆年间（1736～1795）
东京国立博物馆

蝙蝠在中国被作为幸福的象征。蝙蝠在云中起舞图、蝠和福、云和运音通，表示福运，即运势强劲。另外，红蝙蝠因红与洪发音相同，意味着洪福齐天。

229
五彩百鹿纹壶『百禄』
景德镇窑［大明万历年制］铭文
明代 万历年间（1573～1620）
东京国立博物馆（横河民辅氏捐赠）
高 33.5 口径 19.4 底径 17.4
1口

鹿和福禄寿的禄发音相同，描绘一百头鹿的图案是寓意富贵的吉祥图。明代万历年间（1573～1620）官窑烧制的所谓『万历赤绘』（万历红彩）。鹿分别涂成红、青、黄等各色，显示出天真烂漫的作品风格。

230
粉彩百鹿纹壶『百禄』
景德镇窑［大清乾隆年制］铭文
清代 乾隆年间（1736～1795）
东京・静嘉堂文库美术馆
总高 45.0 壶身直径 36.2
1口

描绘出各行其是的鹿姿，因鹿同意味着俸禄的禄发音相同，所以一百头鹿的图案寓意富贵。清代乾隆年间（1736～1795）官窑烧制的粉彩，描绘细密精致，画面充满丰富的诗情画意。

244

231 粉彩多福多寿图盘

景德镇窑 「大清雍正年制」铭文

清代 雍正年间（1723～1735）

高 4.1 直径 20.8 底径 13.1

个人收藏 2只

蝠同福同音，以细致的笔触描绘了寓意幸福的蝙蝠及象征长寿的桃子。正反面图案连续，桃树干从高台侧面向上升起伸向表面，象征理想五福的五只蝙蝠中有两只描绘在了背面。

232 豆彩三多图双耳扁壶

景德镇窑 「大清乾隆年制」铭文

清代 乾隆年间（1736～1795）

总高 31.2 口径 5.8 底径 11.5×8.0

个人收藏 1口

描绘了佛手、桃，还有石榴。佛手的佛发音与福相近，表示幸福。传说桃是王母娘娘的蟠桃，三千年结一次果，食之可延长寿命，所以意味着长寿。石榴种子颇多，寓意多子。这三种水果组合，意味着多福多寿多男子或称三多吉祥纹图案。清代乾隆年间（1736～1795）景德镇官窑烧制的豆彩。依靠粉彩颜料浓淡层次，显示了技巧精美的乾隆官窑风格。

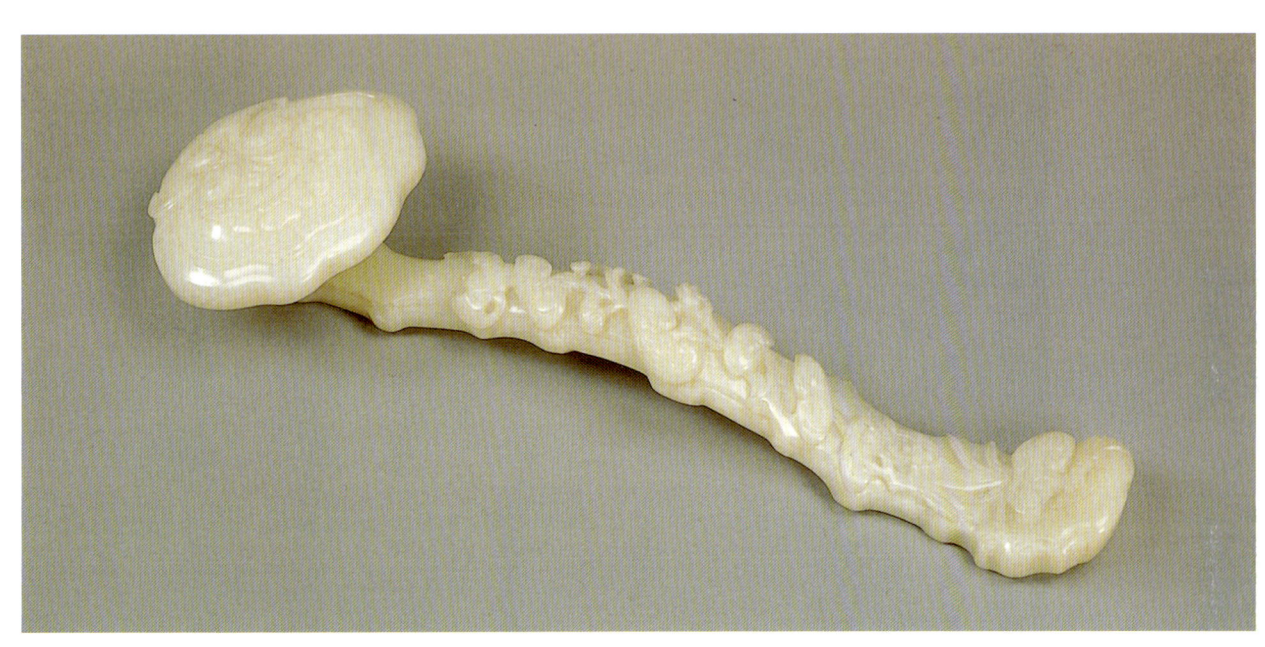

233 青玉如意
长41.0
清代，19世纪
东京国立博物馆
一柄

234 青玉如意
长4x8
清代，19世纪
东京国立博物馆
一柄

235 白玉如意
长40.8
清代，19世纪
东京国立博物馆
一柄

如意本来是僧侣手里所拿的道具之一。符合人心如人所意，这样一个好听的名字十分受人欢迎。这样的玉制如意常用作在喜庆之事时互相赠送的礼品。No.233表示冬天不枯的吉祥植物万年青，万年青的万和如意组合成为万事如意或万年如意，No.234上有『吉祥如意』文字，灵芝是蘑菇的一种，有长生不老药效，在吉祥图案里，从外形类似这一点往往被比作如意，No.235相反是仿照灵芝的如意例。

236
茶叶末双耳瓢形瓶「平安如意」一口
景德镇窑「大清乾隆年制」铭文
高39.3 口径4.0 底径8.1×10.8
清代 乾隆年间（1736～1795）
崎玉・远山纪念馆

瓶和平发音相同，瓶和如意组合，成为平安如意，即表示平稳无事的愿望。这个瓶子左右各有一个大耳，从侧面看是仿照如意，充满平安如意的寓意。

237
蓝釉粉彩福寿如意图瓶
景德镇窑
高 40.8 口径 4.2 底径 13.4
清代 18世纪
东京国立博物馆（横河民辅氏捐赠）

一口 压弯了枝头的桃子寓意长寿，传说王母娘娘的蟠桃三千年结一次果，食之可延长寿命。蝠同福发音相同，五只蝙蝠象征着理想的五福（长寿、富贵、健康、还有修德，长寿无疾而终尽天年）。从桃树干伸出的灵芝是祥瑞之草，具备仁德之王母娘娘的蟠桃三千年结一次果，食灵芝可保持长寿。出现之时才长出来。这里从外形相似来看，表示僧人手里拿着的道具如意。整体表示福寿如意，即幸福和长寿都能如愿以偿。

238
白釉铁绘鲶纹枕「年年如意」 一个
磁州窑
高19.5 长径29.0
北宋～金代 12世纪
奈良・大和文华馆

鲶同年发音相同，鲶鱼和如意组合，表示年年如意，即意味着每年都能随心所欲。此枕采用铁绘的技法，描绘两只鲶鱼在水藻之间悠荡荡地游动的情景。这个枕头总体是仿照如意的形状，所以从图案与器物造型组合来解读，可以解释为寓意年年如意的枕头。磁州窑自北宋末至金代，一直烧制这样的如意形枕头。作为枕头是极其特殊的形式，以「如意」的字义寄予希望来满足人们愿望的创意，制作出的枕头自然会流行。

239
青花八吉祥纹壶 一口
景德镇窑
高 29.4　口径 13.0　底径 13.6
明代　15世纪
东京国立博物馆（横河民辅氏捐赠）

这是明代早期景德镇窑烧制的青花瓷器。和宝相花藤蔓纹一起描绘出了八吉祥。

240
浅葱地和合二圣图刺绣碎布 一件
径 20.5 × 20.0
清代 19世纪
崎玉·远山纪念馆

241
红缎子地和合二圣图刺绣方绸巾 一件
纵 59.0 横 56.0
清代 19世纪
东京国立博物馆

和合二圣是中国传统的结婚神。本来唐代万回作为和合神被祭祀，但到了清代雍正年间，随着寒山和拾得（二人均为唐代高僧）被称为和圣、合圣，作为和合二圣，寒山拾得图开始出现。No.241 恐怕是结婚仪式使用的方巾，No.240 从形状来判断，大概是新婚用的枕头侧面。和合二圣在这里表现为童子的身姿。一方拿着莲花，另一方拿着盒子，意味着莲与和、盒与合音通，所以表示和圣与合圣。

253　九・吉祥如意

242
竹梅双喜雕彩漆轮花形盒子 一个
清代 18世纪
17.0 径40.8
东京国立博物馆

把像网眼一样不规则地围绕着竹子的冰竹纹作为地图案，在那上面巧妙地分散着梅花。在中国竹和梅组合象征夫妇。在传统的结婚仪式上，人们把「红梅结子、绿竹生笋」的对联分贴在门的左右，笋发音与孙相通，「生笋」「结子」都是希望孩子诞生。这个盒子恐怕是作为婚礼上用的器具准备好的。采取反复涂红、绿等彩漆，梅雕成红色，竹雕成绿色的雕彩漆技法。

243
三彩连生贵子图枕　一个
磁州窑
高 11.5　长 48.5　宽 18.5
元代 13～14世纪
东京国立博物馆（横河民辅氏捐赠）

小孩手持莲花图。莲与连发音相同，不仅是意味着连续生孩子，还有"花实齐生"的意思，即花和果实同时出生，寓意早生贵子。元代磁州窑烧制的三彩陶枕。

244
五彩花鸟纹方瓶〈四季平安〉 一口
景德镇窑
清代 17～18世纪
高 53.6 口径 12.3 底径 11.0
东京国立博物馆（横河民辅氏捐赠）

245
黑地素三彩花鸟纹方瓶〈四季平安〉 一口
景德镇窑
清代 17～18世纪
高 50.1 口径 12.4 底径 11.9
东京国立博物馆

在瓶身各面所描绘的牡丹、莲、菊、梅四种花卉，分别象征春夏秋冬，瓶发音同平，瓶和四季花卉组合，寓意四季平安。在中国有新年春节在门上贴『四季平安』四个字祈祷一年平安无事的习惯。No.244称之为五彩，No.245黑地素三彩，都是清代康熙年间（1662～1722）景德镇窑烧制的，清代早期能控制的独特色彩感觉，让人感受到智慧情调。

246 粉彩百事大吉图盘
景德镇窑「大清乾隆年制」铭文
高3.2 直径14.5 底径8.2
清代乾隆年间（1736～1795）
个人收藏
一只

左上描绘的是红色百合根（百合的球茎）。柿与事发音相同，橘与吉发音相似，与百合根的百字合在一起，就是百事大吉，即表示任何事情都十分顺利的意思。其他蔬菜和水果也因蔓藤增加象征子孙繁荣。这是乾隆年间官窑烧制的粉彩，虽然有见解指出其精致写实的描写受到了西洋画的影响，但是画题本身是中国传统的吉祥物图案。盘底釉上彩绘颜料涂满整个一面，以冰竹纹（不规则网眼状竹纹）作为地纹，用金彩表现出梅花纹。

247
粉彩透雕双耳瓶〈福在眼前〉 1口
景德镇窑「大清乾隆年制」铭文
高 45.0 口径 11.4 底径 15.8
清代乾隆年间（1736～1795）
东京国立博物馆

正面的七宝（景泰蓝）纹在中国表示图案。以色彩绚烂豪华之美为荣耀，风格极其精巧，瓶身为双重构造，通过透雕能看到内侧描绘着的青花蝠云纹。瓶底施以松石绿釉，用红彩篆书铭记「大清乾隆年制」字样。

钱。钱的中央四方形孔叫「眼」，汉语钱的发音和前相同，钱的图案意味着眼前。其上方的蝙蝠，蝠的发音同福，寓意幸福。整体「福在眼前」（幸福就在眼前），意思就是不久幸福就会到来，成为吉祥花纹

248
白釉黑花喜鹊纹枕 一个
磁州窑
高 21.2 径 33.3×27.5 台径 14.5×14.5
北宋时代 12世纪
东京·出光美术馆

喜鹊作为告知喜庆事到来的祥瑞之鸟，采用白地黑花刮除技法表现出来。可以看出熟练的技艺，让人感受到丰富的情趣。磁州窑独特的自由舒展绘画风格的图案到了北宋时代已经达到高超完成度。

249
粉彩喜上眉梢图像耳瓶〈太平有象〉
景德镇窑「大清乾隆年制」铭文
高 48.5 瓶身直径 22.0
清代乾隆年间（1736～1795）
东京·静嘉堂文库美术馆

笃信鹊能报喜，即能告知吉祥之兆的喜鹊。在中国梅和眉发音相同，「梅梢」同「眉梢」，喜鹊登梅图寓意眉宇间流露出喜悦的表情。附加在瓶颈左右的耳环仿照大象头部，因为「瓶」的发音同「平」，所以太平有象，即表示天下太平。清代乾隆年间（1736～1795）官窑烧制粉彩佳品之一，以笔触细腻品位高尚而自豪。

261　九・吉祥如意

250
报喜图
陈嘉言 作
明代 万历三十九年（1611）
绢本墨画
182.4×85.3
东京·静嘉堂文库美术馆
一幅

五代的王元裕在记录唐朝长安民间风俗逸事的《开元天宝遗事》中写道：「闻鹊声皆为喜兆，故谓灵鹊报喜。」「鹊为『报喜』之鸟，喜鹊叫声是喜事的预兆。鹊称为喜鹊，鹊图称为报喜图。两只鹊成为『双喜』，鹊与梧桐叫作『同喜』，都是作为吉祥图受到人们的喜爱。本图描绘了4只鹊和梅花、水仙、竹石，构成报喜图。梅是岁寒三友之一，严寒之中独放清香占尽风情，百花之中最早报春，谓之春魁，春信，鹊梅组图被称之为『喜报春先』等。竹与祝音通，水仙与竹和寿石成为『群仙祝寿』，寓意长生不老。画家陈嘉言（1539～1623以后）嘉兴（一说苏州）人。他的水墨鹊和三友（松竹梅）报喜图，及祝愿科举合格的莲鹭图（一路连科）等作品，大多是专门描绘吉祥图的。

251
灵鹊报喜图
李玥 作
绢本设色
167.0×79.4
清代 18世纪
东京国立博物馆
一幅

鹊因为有报喜预言之灵能，故被称之为灵鹊，又称喜鹊。本图把12只报喜的喜鹊和岁寒三友之一寓意长生不老的松、蔷薇（长春花）、桂花（木犀）画在一起构成报喜图。笔者李玥（字友朴，号朴亭）是清代乾隆年间（1736～1795）的画家，擅画花鸟人物。浙江省海盐县武原镇人。据说，他作为平民游历各地，晚年寄居平湖佑圣宫，八十有余去世。他和江户时代（1603～1867）赴日的沈铨（南蘋）一样，都是作为一个叫作胡湄的画家的得意门生而闻名当时。

252
九思图
传吕纪 作
绢本设色
159.3×95.6
明代 16世纪
东京·永青文库

一幅

此图描绘有九只白鹭在悬崖下溪流的岩石上，崖上有深深扎根的松树和蔷薇（长春花）。『九』作为最大阳数，属于吉祥数字，白鹭亦称鹭，鹭与思音通，所以把『九鹭图』称为『九思图』。所谓九思就是君子的九思『明、聪、温、恭、忠、敬、问、难、义』。《论语》《季氏篇》『视思明，听思聪，色（颜色）思温，貌（容貌）思恭，言思忠（忠诚），事（行动）思敬，疑思问（有疑惑要想办法求教），忿思难（一时的愤怒要想到是否会留有后患），见得思义（遇见可以取得的利益时，要想是不是合乎义理）。』松是岁寒三友之一，与九思对应，象征君子之德。另外，松与长春花寓意长寿。

253

百鸟图

传钱选作

绢本设色

152.8 × 185.0

明代 16世纪

东京·宫内厅三之丸尚藏馆

一幅

凤凰是表示圣人出现、太平盛世到来的祥瑞之鸟。据说雄为凤，雌为凰，凤凰栖居梧桐之上，凤凰飞群鸟跟随，所以凤凰为百鸟之王。百鸟谒见凤凰图称作百鸟朝王图、凤凰来仪图，寓意天下太平盛世。本图以水边的梅竹为背景，描绘了凤凰和同时出现的孔雀、鹤、雉（野鸡）、鹌鹑、鸳鸯、鹡鸰、鹭、野鸭、鹦鹉、鸠、燕、叭叭鸟、喜鹊、绶带鸟、翡翠等群鸟共拜旭日情景。群鸟大多雌雄成双成对。凤凰下配有百花之王称呼的牡丹。凤凰和仙鹤、鸳鸯、鹡鸰、黄莺一起寓意五伦。所谓五伦就是君臣有义，父子有亲，夫妇有别，长幼有序，朋友有信的意思。孔雀是具备九德的文禽，鹤是长寿仙禽等，不同的鸟有各自不同的寓意。从百鸟图中可以看到众多的吉祥寓意。

254 百鸟图

传边文进 作
绢本设色
205.3 × 186.3
明代 16世纪
个人收藏

一幅

本图和日本宫内厅收藏的几乎是一样的图样，描绘了百鸟。凤凰不是雌雄成对，而是单独朝向旭日。凤凰身后描绘了百花之王牡丹，背景除梅竹外，还画了凤凰栖息的梧桐。《诗经》（大雅·生民之什·卷阿）「凤凰鸣矣，于彼高冈。梧桐生矣，于彼朝阳。」凤凰来到长在朝阳照耀的山冈的梧桐树上鸣叫，意味着祥瑞之义。鉴于此，凤凰与梧桐和朝阳图题为「丹凤朝阳」或「朝阳鸣凤」，这幅吉祥图寓意达官显贵有吉运。即可以说本图既有「百鸟朝王」之义，也有「丹凤朝阳」的意思。虽然据传笔者边文进是明代早期擅长花鸟画的宫廷画院画家，但是本图显示了吕纪以后的画风，应该是明代晚期的作品。

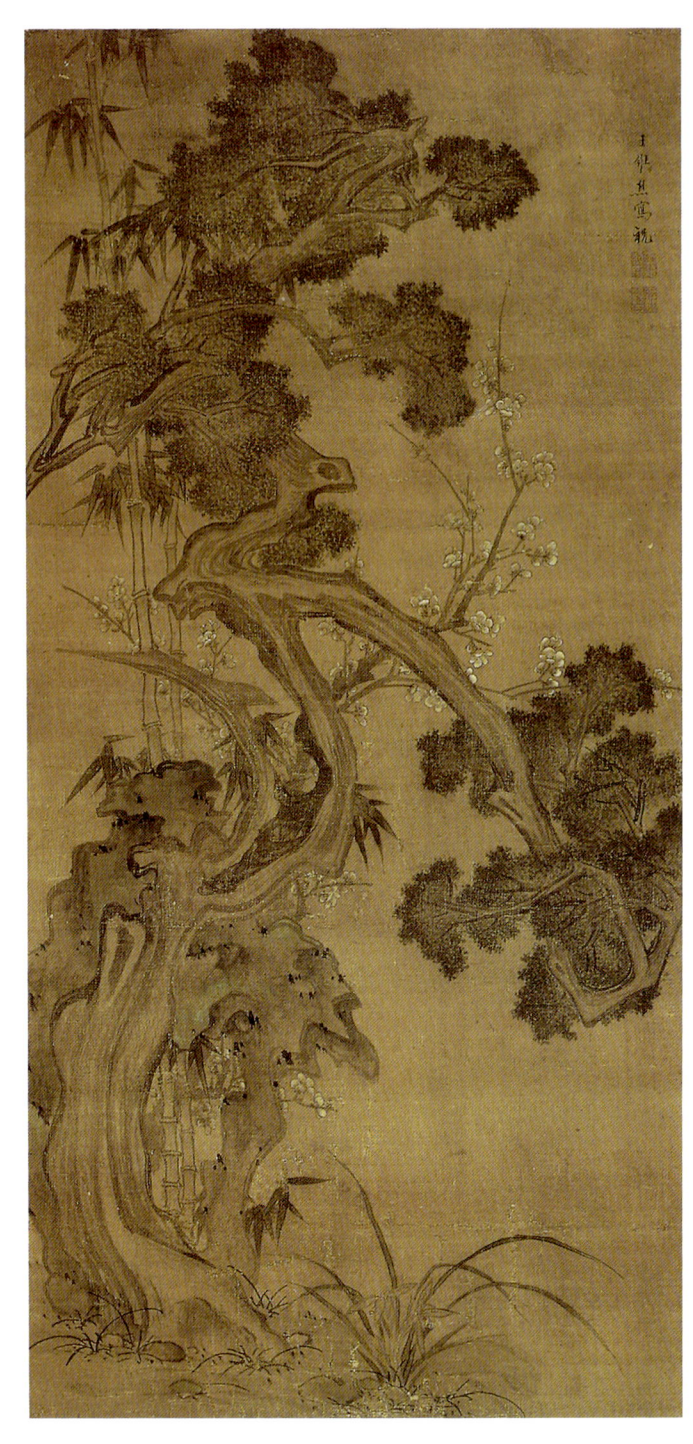

255
百春平安图
王维烈 作
绢本设色
135.2×61.0
明代 17世纪
东京·静嘉堂文库美术馆
一幅

本图以弯弯曲曲的大柏树为中心，描绘了双竹、白梅、兰和太湖石（寿石）。附属的收藏书画盒上题写有『百春平安』，推测是『柏通百，梅为春之魁，竹寓意平安。落款『王维烈写祝』，所以本图作品可能是为祝寿所画。落款前那部分绢短缺，恐怕那里应该有画本图表示祝贺人的尊姓大名。除了柏、竹、梅之外，还画有兰、寿石。兰真有幽香，象征君子与贤人，也象征脱俗。和梅、竹、菊一起，作为四君子之一，受到文人喜爱。据说，作者王维烈是苏州吴郡（江苏省苏州）人。据说，他是苏州吴周之冕的弟子，擅长花鸟画。本图与众不同的古怪奇特表现，可以说表示王维烈曾是明末奇想与幻想画家之一。

256 餐香宿艳图卷

沈铨 作
绢本设色
42.0 × 466.5
清代 18世纪
东京·宫内厅三之丸尚藏馆

一卷

沈铨被认为是画吉祥图的画家（参见No.112），本图遍及整个画卷，描绘了各种各样的花卉草木和小动物的千姿百态，其中也有几幅隐含表达了吉祥图的主题。例如：瓜和豆之类的蔓藤性植物使人联想到万代长久、子孙繁荣，菊使人联想到延年益寿，芦和蟹使人联想科举合格等。另外，本图让人兴趣浓厚的是青蛙捕捉蜻蜓、螳螂捕蝉的画面，以及螃蟹盯着螳螂和蝗虫的举止形象。螳螂捕蝉或许是鉴于《庄子》（山木篇）所示话题，譬喻现实世界祸福错综复杂而描绘的，也可能本图不完全都是寓意吉祥。

257
四季花鸟图卷

王冈 作
绢本设色
42.0×521.2
清代 18世纪
东京国立博物馆

王冈（1677～1770，一说1697～1770）南雁（江苏省）人，字南石，号旅雪山人。据说，他擅长花卉、人物，写生出类拔萃，水族草虫极为生动。另外，也擅长画山水，游学宫廷画家董邦达之门，为其代笔画代作。

本图采用鲜艳强烈的色彩，描绘了梅、山茶、桃、玉兰花、海棠、牡丹、蔷薇、百合、萱草、木犀、石榴、菊、雁来红、松、竹、南天竹、胧梅、水仙等四季花木和燕子、鹊、白头翁、鹡鸰、翡翠、雀等各种禽鸟，这些花和鸟都有富贵、长寿、多子、出世等吉祥主题含义，单独或复数组合使人联想到各种各样的吉祥图。市河米庵旧藏品。

258 花鸟图屏风

孙亿 作
绢本设色
各扇 130.0×54.7
清代 康熙四十五年（1706）
爱知·德川美术馆

6扇1对

孙亿（1638～1712以后）是清康熙年间（1662～1722）在福建地方活跃的花鸟画家，长州（江苏省苏州）人，字惟年，号於山、于峰道者等。本图是充分显示孙亿装饰性的极其精致细密的花鸟画风代表作之一。各扇屏风均以鲜艳的色彩配上数种花卉禽鸟，其中多数都是使人联想到荣华富贵、长生不老、科举合格、子孙繁荣等吉祥的花鸟，另外，鸟雌雄成对的多寓意夫妇和合。十二幅图分别采用四季花鸟图，有意识地由各种各样的吉祥图案构成。

日本画家山口宗季是岛津家和近卫家熙（预乐院）御用画家，他渡海来到中国福州时，孙亿因为给予了他极大的影响而闻名。但其装饰性的鲜明强烈的花鸟画也有接近日本江户中期异想天开的表现之处，使人兴趣浓厚。

276

259
花卉图册
恽寿平 作
纸本设色
各27.5×43.0
清代 18世纪
大阪市立美术馆

6幅（1帖内）

还有六幅：「红莲（No.35）、秋海棠、樱花、紫藤、雁来红、胧梅。这些花卉都使人联想富贵、玉堂、宜子孙、贵子、延年益寿等吉祥语，花卉图册整体内容，可以说是『群芳祝寿』『群芳集庆』。恽寿平（参照『No.35解说』）画了许多花卉册，似乎图册里选择的花卉草木都是象征吉祥春花」，包含在恽寿平花卉册12图内，另外，萱草和蓂麦、木犀（桂花）、菊花、蔷薇（长春花）、这六幅图：「牡丹、木莲（玉兰花）、之物。

260 花卉草虫图卷

金曜 作
纸本设色
29.0 × 368.6
清代 雍正七年（1729）
冈山·林原美术馆

一卷

金曜是清代早期画家，据说擅长院体画风，青浦（上海）人。本图从卷头至卷尾巧妙地由梅、牡丹、桃、百合、秋海棠、杨柳、兰、灵芝、绣球花、芙蓉、莲花、蓼、蔷薇（长春花）、萱草、瞿麦、水仙、罂粟、菊、麦穗、山茶、胧梅、竹等花卉草木和蜂、蝶、蝉、螳螂、蜻蜓、蛙、蟋蟀、蟹等结构一幅幅描绘而成。其表现极其鲜丽，有的图使人想起清代宫廷院体花鸟画风。这些花卉草虫都是希望福、禄、寿、喜的吉祥图重要主题。鉴赏者可以把前后连续的草虫图进行种种排列组合，来欣赏其各种各样的吉祥名句。

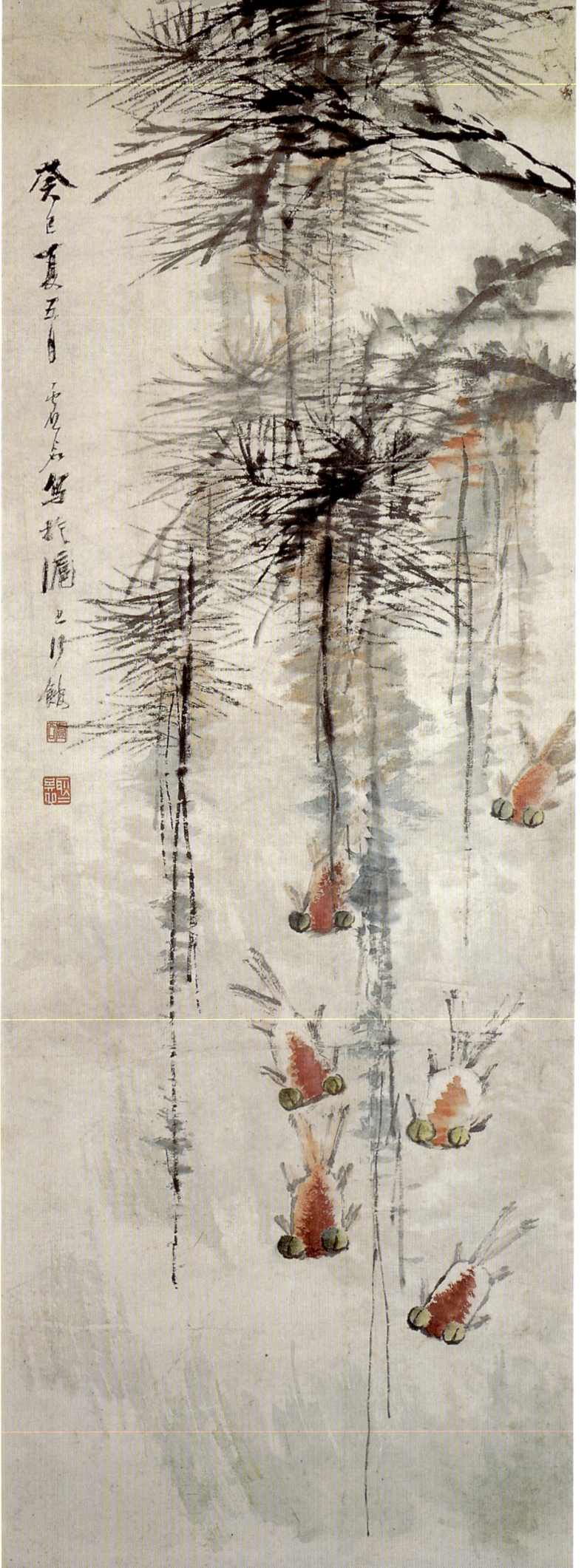

262
金鱼图扇面　　一幅
任薰 作
金笺设色
18.3×51.5
清代 19世纪
个人收藏

任薰（1835～1893）是清末画家，字阜长，舜琴，萧山（浙江）人。与兄长任熊同为画家而活跃于世，特别擅长花鸟画。另外，也善于作明末陈洪绶风格的人物画。
本图画有两条金鱼，配以水藻和水莲，是金笺扇面小品，但由于任薰精致的色彩感觉和纤细的描写，巧妙地表现出了在水里游动的金鱼。在这两条金鱼的莲与恋相通的同时，还有水莲的莲与恋相通的意思。

261
金鱼图　　一幅
虚谷 作
纸本设色
130.0×46.3
清代 光绪十八年（1892）
个人收藏

据说，养金鱼玩金鱼的兴趣爱好始于宋代。据说在南宋首都临安（杭州）的上流阶级之间饲养金鱼的爱好十分盛行。明末前后民间对金鱼的业余爱好高涨。因为『金鱼』通『金玉』，所以画上几条金鱼就成了意味着『金玉满堂』的吉祥图。此外，鱼与余谐音，所以金鱼就意味着金钱享用不尽，因此人们就特别喜欢金鱼了。本图作者虚谷作为金鱼画家知名程度很高。虚谷（1824～1896）俗姓朱，名虚白，新安（广东）人，后移居扬州。太平天国之乱，被任命为国参将，不从而出家，定居上海。善于画山水、花卉、禽鱼，特别是画金鱼和松鼠最为有名。

263 称意迎韶图 1幅

董诰 作
纸本设色
82.0 × 31.5
清代 乾隆五十三年（1788）
京都国立博物馆

红白梅和竹子，其根部画着一个大橘子和两个柿子、如意。图上自题『称意迎韶』。梅报春，竹意味着祝，作为岁朝花也大受欢迎。橘发音通吉，大橘即大吉，柿发音通事，橘与柿合起来，寓意吉事。如意是蝙蝠的创意图案，蝙蝠的蝠同福发音相同，象征着幸福。两个柿子和大橘子构成『事事如意』的吉祥图案。两个柿子和如意形成『事事大吉』，两个柿子和如意形成『事事如意』的吉祥图案。董诰（1740～1818）是宫廷画家董邦达之子，富阳（浙江省）人，字西京，号蔗林、柘林。乾隆二十八年（1763）韦文恭、傅胪一起成为大学士。继承家庭世代相传的学问，善画山水。画面左下方有董诰盖的『吉事有祥』印章。

264

三羊启泰图 一幅

张槃作

绢本设色

128.0 × 47.5

清代 咸丰十年（1860）

个人收藏

画了一个童子和三头羊，寓意『三羊启泰』（交好运之意，也称作『三羊开泰』）。羊通阳，故三头羊寓意三阳，三阳在《易经》中指泰卦（即初九、九二、九三）。九为阳数，三个阳数相连即为三阳，三阳是吉运的先兆。其周围配以梅（春魁）、南天（祝）、山茶（春光）、水仙（群仙）等一年之始的花卉和寿石，也可以理解为『群仙祝寿』『群芳集庆』（春光仙寿）的吉祥图样。

张盘（1812～1890）清末文人，原名柞枝，字小蓬、小槃，号圆腹道人。直隶（河北）定兴人。擅长篆隶和山水花卉。

265 花卉图

赵之谦 作
纸本设色
4幅
各240.0×60.0
清代 同治九年（1870）
东京国立博物馆（高岛菊次郎氏捐赠）

这四联花卉图是赵之谦（详见No.136解说）代表作之一。第一幅对大桃自赞「千秋万岁皆花寿」，第二幅对大葫芦自赞「实华华县清秋，千金直在中流」，第三幅对男子的「三多」。葫芦使蔓成带状延伸，蔓带发音通「万代」，所以作为吉祥植石榴、芋头自赞「百子千房奇树传，领取宰相记十年」，第四幅对佛手柑自赞「不物，另外，其种子作为结上百果实的『百擎力士拳，且把如来臂，潭禅向天龙，又子』，即寓意子孙繁荣。这些赵之谦的悟冰一指」。佛手柑的佛音通福，意为『多花卉图是意味着『多福、多寿、多男子』福』；桃称仙桃、寿桃，意为长生不老的连续『万代』的吉祥图。『多寿』；石榴意为『多男子』，即佛手柑、桃、石榴合在一起寓意『多福、多寿、多

266 锡福图
章锦 作
清代 18～19世纪
绢本香画
127.4 × 51.3
东京国立博物馆
一幅

据说，章锦擅用线香灸画，谓之香画。本图也是香画，描绘松树下的老人和两个童子迎接五只蝙蝠飞来的情景。松树长生不老，蝙蝠的蝠同福，五只蝙蝠寓意五福（长寿、富贵、无病息灾、好道德、善终）。锡福的锡通赐，赐福意味着天赐幸福。本图是『五福迎祥』（五福自天来）的寓意，与此同时松与老人和童子还充满『长生不老』『子孙繁荣』的愿望。章锦（1723～1815）宝应（江苏省）人，字楳谷。据说，他擅用广东线香灸画，山水、人物、花鸟都很精致绝妙。

图书在版编目（CIP）数据

吉祥如意：中国古代艺术品中的吉祥元素 / 金明学策划 .-- 太原：山西人民出版社，2015.8
ISBN 978-7-203-09115-8

Ⅰ.①吉… Ⅱ.①金… Ⅲ.①历史文物—介绍—中国—古代 Ⅳ.①K871

中国版本图书馆CIP数据核字（2015）第149375号

吉祥如意：中国古代艺术品中的吉祥元素

策　　　划：金明学
翻　　　译：王二贵　赵景扬
责任编辑：贾　娟
装帧设计：陈　婷
出　版　者：山西出版传媒集团·山西人民出版社
地　　　址：太原市建设南路21号
邮　　　编：030012
发行营销：0351-4922220　4955996　4956039　4922127（传真）
天猫官网：http://sxrmcbs.tmall.com　电话：0351-4922159
E - mail：sxskcb@163.com　发行部
sxskcb@126.com　总编室
网　　　址：www.sxskcb.com
经　销　者：山西出版传媒集团·山西人民出版社
承　印　厂：山西臣功印刷包装有限公司
开　　　本：889mm×1194mm　1/16
印　　　张：20
字　　　数：200千字
印　　　数：1-2000册
版　　　次：2015年8月　第1版
印　　　次：2015年8月　第1次印刷
书　　　号：ISBN 978-7-203-09115-8
定　　　价：300.00元

如有印装质量问题请与本社联系调换